Rethinking
Reconstructing
Reproducing

*

———

"精神译丛"
在汉语的国土
展望世界
致力于
当代精神生活的
反思、重建与再生产

———

*

Stato di eccezione
Homo sacer, II-1

Giorgio Agamben

精神译丛·徐晔 陈越 主编

[意] 吉奥乔·阿甘本 著 薛熙平 译

例外状态
《圣/牲人》二之一

（重译本）

西北大学出版社

吉奥乔·阿甘本

目　录

第一章　例外状态作为治理的典范　/　1
第二章　法律效力　/　45
第三章　悬　法　/　59
第四章　环绕着一个空缺的巨人之战　/　79
第五章　庆典、丧礼、失序　/　99
第六章　权威与权力　/　115

参考书目　/　140

术语索引　/　146
人名索引　/　151

译后记　（薛熙平、林淑芬）　/　154

你们法律人为何对那与你们切身之事保持沉默？

Quare siletis juristæ in munere vestro ?

第一章

例外状态作为治理的典范

Lo stato di eccezione come paradigma di governo

1.1 例外状态与主权之间所具有的本质上的亲近性,已经由卡尔·施米特(Carl Schmitt)在他的《政治神学》(*Politische Theologie*,1922)一书中予以确立。尽管他对于主权者作为"决断例外状态者"的著名定义已广受评论和讨论,然而直到今天在公法领域中仍然欠缺关于例外状态的理论,而法学家与公法学者也似乎仍将这个问题视为一个**事实问题**(*quæstio facti*),而非真正的法律问题。这样一种理论的正当性,不仅被那些遵循着古老格言"**迫切无法**"(*necessitas legem non habet*)的作者所否定①——他们依此主张作为例外状态之基础的迫切状态(stato di necessità)无法具有法的形式,甚至连对于这个词汇的界定本身,都因为它正处于政治与法律的交界处而变得极为困难。根据一个流传甚广的观点,例外状态确实构成了"公法与政治现实之间的失衡点"(Saint-Bonnet,2001,p.28),如同内战、造反与抵抗一般,处于一个"模糊而不确定的边缘地带,法律与政治的交界之处"(Fontana,1999,p.16)。于是在此关于边界的问题便越发紧迫:如果例外措施是政治危机时期的产物,因此应该被纳入政治而非法律-宪法的场域(De Martino,1973,p.320),那么它就会发现自己处于一

---

① 这句法谚通常译为"紧急不识法律"。关于译语的选择,以及迫切/必要性(necessitas,necessita,necessity)的进一步讨论请见 1.9 及 1.10。本书中之所有脚注皆为译注。

个吊诡的情境中：在此法律措施无法从法律的角度加以理解，而例外状态则被呈现为那些无法具有法律形式者的法律形式。但另一方面，如果例外是法律用来指涉生命（vita），并借由其本身的悬置而将生命纳入自身之中的原初装置，那么一个关于例外状态的理论就会是一个初步的条件，让我们得以定义这个将活着的人既联结，同时又弃置于法律之中的关系。

这个在公法与政治现实，以及法秩序与生命之间的无人地带，正是现在的这个研究试图探究的。唯有当覆盖着这个不确定地带的面纱终于被揭开时，我们才能够更好地理解在政治性与法律性，以及在法律与生命的差异之中——或是在其被假定的差异之中——所涉及的赌注。或许也唯有到了那时，我们才能够回答那在西方政治史中从未停止回荡的问题：何谓政治地行动？

1.2 让例外状态如此难以定义的原因之一，当然是它与内战、造反与抵抗之间所具有的紧密关系。正因为内战乃是正常状态的对立面，它便处于一个与例外状态之间具有无可决定性的地带，因为例外状态正是国家权力面对最极端之内部冲突的直接回应。因此在20世纪的进程中，人们得以目睹一个被有效地定义为"合法内战"（guerra civile legale）的吊诡现象（Schnur, 1983）。让我们以纳粹德国为例。当希特勒一掌权（或者应该更准确地说，当他一被授予权力），他就在2月28日发布了《人民与国家保护令》（*Decreto per la protezione del popolo e dello stato*），悬置了魏玛宪法关于个人自由的条文。这个命令从未被废止，因此从法律的观点而言，可以把整个第三帝国理解为一个持续了12年的例外状态。在这个意义上，现代极权主义可以定义为：通过例外状态对于合法内战的建制。它不仅容许在物理上消灭政治敌人,也容许消灭基于某种原因而无法被整合进政治体系的一整个范畴的公民。从此以后,有意地创造出一种恒常的紧急状态(stato di emergenza permanente)(即便可能在技术上并未正式宣告),便成为当代国家的重要实践之一,而这同时也包含了那些所谓的民主国家。

面对着被定义为"世界内战"(guerra civile mondiale)之无法遏止的进程,例外状态愈来愈呈现为主导着当代政治的治理典范。这个从暂时与例外性的措施到治理技术的位移,势将根本地改变——事实上也已经显著地改变了——关于宪政形式的传统区分的结构与意义。甚至从这个观点看来,例外状态就像是民主与专制之间的一道无法确定的阈界(soglia)①。

א "世界内战"的说法在同一年(1963)出现在汉娜·阿伦特(Hannah Arendt)的《论革命》(*Sulla rivoluzione*)与施米特的《游击队理论》(*Teoria del partigiano*)中。相对于此,我们将会看到,"真实的例外状态"(*état de siège effectif*)与"拟制的例外状态"(*état de siège fictif*)的区分则可以追溯到法国的公法学,并在莱纳赫(Theodor

---

① soglia(threshold)本意为"门槛",引申有界限之意,如"视阈"。soglia是阿甘本思想的重要概念,他的研究视角往往聚焦于某一事物领域的极限状态,也就是该系统与其"外部"的交界地带。以本书的主题"法律"或"法秩序"为例,通过"例外状态"所考察的便是法秩序的界限所在。而这个界限地带同时也就是法律与"事实""政治"或"生命"等被预设为外于法律系统之事物的交会地带。因此选择将 soglia 译为"阈界"。

Reinach)的《论戒严状态:历史与法律研究》(*De l'état de siège. Étude historique et juridique*, 1885)一书中就已经得到清晰的阐述。而这也是施米特与本雅明(Benjamin)之间关于真实例外状态与拟制例外状态之对立的起源。在这层意义上,盎格鲁-撒克逊法学则偏好**想象的紧急状态**(*fancied emergency*)的说法。至于纳粹法学家们,则是毫不掩饰地谈论一种**意欲的例外状态**(*gewollte Ausnahmezustand*),"以达成建立国家社会主义的国家之目的"(Werner Spohr,引自 Drobische & Wieland, 1993, p.28)。

1.3 作为法律通过悬置自身而将生命纳入其中的原初结构,例外状态所拥有的立即直接的生命政治(biopolitico)意涵,在美国总统 2001 年 11 月 13 日颁布的"军事命令"(military order)中鲜明地浮现出来。这个命令授权"军事委员会"(military commission)——请勿与战争法所规范的军事法庭混为一谈——负责针对涉嫌恐怖活动的非公民进行"无限期拘留"(indefinite detention)与审判。

早在参议院 2001 年 10 月 26 日颁布的《美国爱国者法》(*USA Patriot Act*)中,便已允许**司法部长**(*Attorney general*)"拘禁"涉嫌从事危害"美国国家安全"活动的**外国人**(*alien*);但必须在七天之内释放这个外国人,或是以违反移民法或其他犯罪加以起诉。布什(Bush)总统"命令"的创新之处在于:它根本性地抹消了一个人的一切法律地位,因此创造出了一个在法律上无法命名与归类的存在。在阿富汗被俘虏的塔利班成员(talebani)不仅没有依据《日内瓦公约》享有战俘地位(POW),甚至没有依据美国法律的任何一项犯罪享有犯罪人地位。既非俘虏亦非被告,而只是**被拘**

留者(*detainees*),他们成为一种纯粹事实性支配的客体,一种不仅在时间意义上,更在其本质意义上的不确定拘留,因为这一切都回避了法律及司法的监督。唯一差可比拟的是犹太人在纳粹**集中营**(*Lager*)中的法律处境:伴随着公民身份的丧失,他们在其中也丧失了一切的法律身份。然而,他们至少还保留了犹太人的身份。如朱迪斯·巴特勒(Judith Butler)已经强而有力地向我们呈现,在关塔那摩(Guantánamo)的**被拘留者**身上,裸命(nuda vita)①的不可确定性达到了其极大化。

1.4 与概念的不确定性若合符节的乃是用语的不确定性。这个研究将会使用"例外状态"(stato di eccezione)这个词组(sintagma),作为我们所试图定义的具有一贯性之整体法律现象的术语。这个在德国学说中十分普遍的词汇(*Ausnahmezustand*,或是 *Notstand*,紧急/迫切状态),对于意大利或法国学说而言却是陌生的。后两者比较偏好使用的说法是紧急命令(decreti di urgenza)与戒严状态(stado di assedio)(政治的或是拟制的戒严状态,*état de siège fictif*)。相对于此,在盎格鲁-撒克逊的学说中,流行的用语则是**戒严法**(*martial law*)与**紧急权力**(*emergency powers*)。

---

① 裸命(nuda vita, bare life)是阿甘本哲学思想的重要概念,也是其代表作《圣/牲人:主权与裸命》(*Homo sacer. Il potere sovrano e la nuda vita*, 1995)一书的主题。简要来说,裸命是通过主权的运作而被置于某种"例外状态"中的人的生命处境。成为"裸命"意味着他/她的法律权利、公民身份,乃至社会关系皆被暂时悬置或永久剥夺,因此进入可被任意处置而不受任何保障的"赤裸"状态。

假若如人们所说,术语乃是思想真正的诗意时刻,那么术语的选择就绝不可能是中性的。在这个意义上,选择"例外状态"这个术语,便隐含了对于我们所要探究之现象的本质,以及最适合用来理解它的逻辑所采取的立场。虽然"戒严状态"①与"戒严法"(legge marziale)②的概念表达了某种与战争状态的关联,而这个关联不仅在历史上曾经具有决定性,如今也依然存在,不过它们却也显示出其并不适合用来界定这个现象所特有的结构,从而必须通过"政治的"或"拟制的"加以补充修正,但这本身也具有某种误导性。例外状态不是一种特别法(如战争法),而是通过法秩序本身的悬置,因此它界定了法秩序的阈界或界限概念。

ℵ 在这个意义上,"政治的或拟制的戒严状态"这个术语的历史十分具有启发性。它源自针对 1811 年 12 月 24 日拿破仑命令的法国学说,这个学说提供了皇帝可以宣告戒严状态的另一种可能性:他可以在一个城市除了真正遭受敌军攻击或直接威胁之外的情境宣告戒严,"只要情势要求赋予宪兵更多的武力与行动,而不必然要将该地区置于戒严状态之中"(Reinach, 1885, p.109)。戒严状态本身的制度起源则是 1791 年 7 月 8 日法国制宪会议的命令:这个命令区分了**和平状态**(*état de paix*),其中军事机关与民政机关各自在其固有的领域中行动;**战争状态**(*état de guerre*),其中民政机关必须与军事机关协同行动;**戒严状态**(*état de siège*),其中"所有民政机关为了维持秩序与境内治安而被赋予的

---

① 即 etat de siege,本意为"包围状态"。

② 即 martial law,本意为"战时法"。

职权都移交给军事指挥官,在其完全的责任下行使"(同上)。这个命令原本只针对军事要塞与军港,然而,在共和历五年果月19日的法律中,督政府(Direttorio)将国内的市镇(comuni)也视同要塞。而在同一年果月18日的法律中,它则赋予自己宣告一个城市进入戒严的权力。戒严状态的后续发展,也就成为一段从其原本所关联的战争情境中逐渐解放出来,转而作为对付国内失序与叛乱的非常治安手段的历史。它也因此从真实的或军事的戒严状态,转变为拟制的或政治的戒严状态。无论如何,重要的是不要忘记现代的例外状态乃是民主–革命传统的产物,而非君主专制的产物。

关于悬置宪法的想法则是在共和历八年霜月22日的宪法中首度引入,其第九十二条规定:"于武装叛乱或危及国家安全之暴动之情形,得以法律于其所定之区域及期间内,悬置宪法之适用。该悬置亦可于同一情形中,由政府于立法机关休会期间以命令暂时宣告,但须于同一命令中明定应尽速召集立法机关。"而这些城市或地区则被宣告为**外于宪法**(hors la constitution)。虽然一方面(在戒严状态中)相关的典范是在战争时期将军事机关所拥有的权力延伸到民政领域,而另一方面则是宪法的悬置(或是那些关于个人权利保障的宪法规范),然而随着时间的推移,这两种模式最后终究汇集成了我们称之为例外状态的独特法律现象。

ℵ "全权"(pleins pouvoirs)这个有时被用来描述例外状态特征的说法,指的是政府权力的扩张,特别是赋予行政部门发布具有法律效力(forza-di-legge)之命令的权力。这个说法来自**完满权力**(plenitudo potestatis)的概念,而在现代公法学术语的真正实验室——教会法——得到阐释。这个概念的预设是：例外状态意味着回到某种原初的完满（pleromatico）状态，其中不同权力之间的区分（立法、行政，等等）尚未被创造出来。而将如我们所见，例外状态所构成的毋宁是一种空虚状态（stato kenomatico）、一个法的空缺。相较之下，关于权力的原初无所区分和丰盈的想法，则应该被视为某种法律神话的主题，就像是自然状态的想法一样（而正是施米特曾经援用过这个神话主题绝非偶然）。无论如何，"全权"这个术语界定了行政权力在例外状态期间的一种可能的行为模式，但并非完全与其重合。

1.5 在 1934 到 1948 年间，面临着欧洲民主的崩坏，有关例外状态的理论经历了一段特殊的机缘（尽管它在 1921 年已经首度单独出现在施米特的《独裁》[*La dittatura*]一书中）。但值得注意的是，这个机缘是以一种伪装的（pseudomorfica）形式降临在所谓"宪政独裁"（dittatura costituzionale）的争论上。

这个已经在德国法学家的著作中出现，用来指称帝国总统依据魏玛宪法第四十八条之例外权力的术语（参见普洛伊斯[Hugo Preuss]《依据帝国宪法的独裁》[*Reichsverfassungsmäßige Diktatur*]），接着被不断提起并加以发展：华特金斯（Frederick M. Watkins）的"宪政独裁的问题"（*The Problem of Constitutional Dictatorship*, Public Policy, 1940）、弗里德里希（Carl J. Friedrich）的《宪政治理与民主》（*Constitutional Government and Democracy*, 1941），以及最后，罗西特（Clinton L. Rossiter）的《宪政独裁：现代民主中的危机治理》（*Constitutional Dictatorship. Crisis Government in the Modern Democracies*, 1948）。而在此之前，至少也必须提到瑞典法学家廷斯滕（Herbert

Tingsten)的《全权:大战之间与之后的政府权力之扩张》(*Les Pleins pouvoirs. L'expansion des pouvoirs gouvernamentaux pendant et après la Grande Guerre*, 1934)。这些著作尽管本身存在相当分歧,且整体而言对于施米特理论的依赖要大于初次阅读的印象,然而它们却仍然具有同等的重要性。因为它们乃是关于民主政体之转变的首次纪录:这些著作记录了这个转变如何受到在两次大战期间行政权逐步扩张的影响,以及更一般而言,伴随和尾随着战争的例外状态的影响。他们可以说是某种先知,宣告了如今已历历在目的事情——从那时起,"例外状态……已经成为常规"(Benjamin, 1942, p.697)。例外状态不仅愈来愈呈现为一种治理技术而非例外措施,同时也暴露了它作为法秩序之构成性典范的本质。

廷斯滕的分析聚焦于一个深刻地标示出现代议会政体之演变的重要技术问题:行政权通过发布命令与措施延伸到了立法领域,而这正是来自那些称为"全权"的法律所包含的授权。"我们所理解的全权法,就是那些赋予行政机关极为罕见的广泛管制权力的法律,特别是可以通过命令修正或废止现行法律的权力。"(Tingsten, 1934, p.13)正因为具有这种性质的法律——它应该仅限于面对必要急迫的例外处境时才被颁布——抵触了作为民主宪政基石的法律与行政命令(regolamento)间的阶层关系,并授予政府原本应该专属于国会的立法权,所以廷斯滕试图检视在一系列的国家中(法国、瑞士、比利时、美国、英国、意大利、奥地利与德国)源自一战期间政府权力的系统性扩张所导致的状况。当时许多的参战国(甚至是中立国,如瑞士)都宣告了戒严状态,或是颁布了全权法。这本书仅止于记录下大量的案例分析,但即便如此,在结论处作者似乎仍然体认到:纵然某种暂时性的,并且受到

17 监督的全权运用在理论上或许可以与民主宪政兼容,然而"这个制度系统性与经常性的使用必将导致民主的'破产'"(同上书,p.333)。事实上,议会立法权所遭受的逐步侵蚀,自那时起便已成为一种普遍的现象,而如今往往仅限于批准行政部门通过具有法律效力的命令所发布的措施。由此观之,第一次世界大战以及战后的那些年就像是一座实验室,试验并调整着作为一种治理典范的例外状态的各种功能机制与装置。而例外状态的基本特征之一,也就是暂时废止立法、行政与司法权的区分,在这里则呈现出转变为一种持续性治理实践的倾向。

弗里德里希的书则使用了远比他所表明的更多施米特的独裁理论,但他却只在一个注脚中以"一本偏颇的宣传手册"(un trattatello di parte)一笔带过(Friedrich, 1941, p.812)。施米特关于委任独裁(dittatura commissaria)与主权独裁(dittatura sovrana)的区分,在本书中被重新表述为以下的对立:以守护宪政秩序为目的的宪政独裁/合宪的独裁(dittatura costituzionale),与导致其颠覆的非宪政独裁/违宪的独裁(dittatura incostituzionale)。然而,试图定义那些将第一种形式的独裁转变为第二种形式的决定性力量,进而将其解消的不可能性,便构成了弗里德里希这本书的根本困境(而这个转变正是当时所实际发生的,例如在德国)。同时,一般来说这也是所有宪政独裁理论所共同遭遇的困境。这些理论全都陷入了某种恶性循环:它们试图以捍卫民主宪政之名来加以正当化的那些例外措施,恰好正是导致其崩坏的同一批措施:

> 没有任何一种制度性保障可以确保紧急权力实际

上被用来挽救宪法。唯有通过人民自己对于这些权力是否真的被如此运用进行确认的决心,才得以确保此事……这些现代宪政体制中近乎独裁的规定,诸如戒严法、戒严状态或是宪法紧急权,都无法实现对于权力集中的有效控制。因此,一旦得到有利的条件,所有这些制度都具有转化为极权体制的风险。(同上书,pp.828以下)

最后,正是在罗西特的书中,这些困境爆发成为公开的矛盾。有别于廷斯滕和弗里德里希,罗西特明确试图通过广泛的历史考察来正当化宪政独裁。他的假设是:既然民主政体及其复杂权力平衡机制的运作所设想的是正常的情境,"一旦进入危机时期,宪政治理就必须在一切必要的程度上加以改造,以解除危险并恢复正常情境。而这个改造将无可避免地意味着一个更加强大的政府,亦即,政府拥有更多权力,而人民拥有更少权利"(Rossiter,1948,p.5)。罗西特已经意识到了宪政独裁(例外状态)事实上已经成为一种治理典范("**一个宪政治理已明确建立的原则**"[同上书,p.4]),并且正因此而充满了危险。然而,这个典范的内在必要性却正是他试图证明的。但是秉持着这种企图心的他,却陷入了无可救药的矛盾之中。他所评断为"**偶尔具有开拓性**"(同上书,p.14)并尝试加以修正的施米特装置,事实上并没有这么容易应付:其中委任独裁与主权独裁的区分并非本质性而只是程度上的,并且具有决定性形象的无疑乃是后者。尽管罗西特足足提供了11项区辨宪政独裁与非宪政独裁的判准,其中却没有任何一项足以界定出两者间的实质差异,或是阻断从一者过渡到另一者的通道。事实上,其中绝对必要性和暂时性这两个核心判准(而所有其他的判准最终都可被化约为这两个),就已经抵触了罗西特心知肚明的事,那就是例外状态如今已然成为常规。"在整个世界正在步入的核子时代中,宪政紧急权的运用很有可能将成为常规而非例外。"(同上书,p.297)或如他在书的尾声所更加清楚呈现的:

> 通过对于西方民主紧急治理的描述,本书或许会给人以下印象:诸如行政独裁、立法授权,以及通过行政命令进行立法等治理技术的本质,都只是纯粹过渡与暂时性的。但这样的印象无疑将是一种误导……在这里被描述为危机中暂时装置的这些治理工具,已经在某些国家并最终可能将在所有国家中成为和平时期也同样存在的常设制度。(同上书,p.313)

这个在本雅明论历史的概念第八点中首度获得表述,而在八年之后由罗西特再度提出的预言,无疑是正确的。然而作为本书结语的这段话听来却更加诡谲:"为了民主,我们不惜一切牺牲,遑论民主本身的暂时牺牲。"(同上书,p.314)

1.6 在针对例外状态于西方国家法律传统中的处境所为的检视中,可以看到一个原则上十分明确,但实际上则远为模糊的区分:一边是通过宪法条文或法律来规范例外状态的体制,另一边则是偏好不明文规范相关问题的体制。在前者中有法国(现代例外状态于大革命期间的诞生地)及德国,后者则有意大利、瑞士、英国与美国。因此在学说上作者也相应分为两派：一派坚持可以事先通过宪法或法律来规范例外状态，而另一派（站在最前线的人之一就是施米特），则对这种想要通过法律来规制那在定义上就无法规范者的自大予以毫不留情的批判。虽然在形式宪法的层次上，这个区分无疑是重要的：至少在第二种体制的预设中，政府在法律之外或是抵触法律的行为在理论上可被认定违法，因此必须通过特别制定的**免责法**（bill of indemnity）加以补救。然而在实质宪法的层次上，某种像是例外状态的做法则普遍存在于所有上述体制中，并且，至少从第一次世界大战开始，这个制度的历史就显示出它的发展乃独立于它在宪法或法律上的明文规范。因此，当魏玛共和在其宪法第四十八条中规定了帝国总统在"公共安全与秩序"（die öffentliche Sicherheit und Ordnung）受到威胁时所拥有的权力，在德国，例外状态无疑就发挥了比在意大利或法国更关键的作用。在意大利，这个制度并没有明文规定，而在法国则是通过一部法律加以规范，并仍然经常大量仰赖**戒严状态**及命令立法。

1.7 我们在例外状态的问题与抵抗权的问题之间，可以看到明确的类似性。关于将抵抗权纳入宪法文本的适切性已经受到广泛的讨论，特别是在制宪会议期间。因此在现行意大利宪法的草案中，曾经有过这么一个条文："当公权力侵害基本自由及受宪法保障之权利时，对于压迫的抵抗便是公民的权利与义务。"这个援引自天主教阵营最富声望的代表人物之一多赛蒂（Giuseppe Dossetti）的建议的提案遭到了强烈的反对。在辩论过程中，主张不可能用法律来规范那在本质上就跳脱实证法范围的事物的意见占了上风,这个条文也因此并未通过。然而,在德意志联邦共和国的宪法中却出现了一个条文(第二十条),毫不犹豫地将抵抗权加以法制化,正面肯认"面对试图废除此一秩序［民主宪法］的任何人,若别无其他救济可能性,则所有德国人都拥有抵抗的权利"。

此处的论辩完全对称于另一场论辩,其中主张通过宪法条文或是特别法将例外状态法制化的倡议者,坚决地反对另外那些认为例外状态完全不适合从规范上进行规制(regolamentazione normativa)的法学家。无论如何,可以确定的是,如果抵抗变成一种权利,甚至是一种义务(不履行将会受到处罚),那么不仅宪法最终将自我设定为一种绝对不可侵犯与无所不包的价值,且公民的政治选择最终也将完全通过法律来加以规范。事实上,无论是在抵抗权还是在例外状态中,最终真正的争议所在其实是以下问题:一个本身外于法律的行动领域的法律意义究竟为何?在此有两种论点相互对立:一种主张法／权利(diritto)①应该与规范(norma)一致,另一种则主张法／权利的领域超出了规范之外。然而这两种立场最终却共同支持一个主张:必须排除一种完全逸脱于法／权利的人类行动场域的存在。

ℵ 例外状态简史

我们已经见识到戒严状态是以何种方式发源于法国的大革命期间。在 1791 年 7 月 8 日经由制宪议会的命令创设之后,随着

---

① 意大利文的 diritto,如同德文 Recht 和法文 droit,同时具有广义的"法"(相对于狭义的、立法制定的"法律"［legge］),以及"权利"的双重意涵。

1797 年 8 月 27 日的督政府法律（la legge direttoriale），以及最终 1811 年 12 月 24 日的拿破仑命令，它终于获得了**拟制或政治的戒严状态**（*état de siège fictif o politique*）的真面目（参见 1.4 附论）。至于"悬置宪法"（*de l'empire de la constitution*）的观念，亦如我们所见，则是在法兰西共和历八年霜月 22 日的宪法中被引入。1814 年的《宪章》（*Charte*）第十四条则赋予了君王"实施对于执法与国家安全而言必要之规定与命令"的权力。基于这条规定的空泛性，夏多布里昂（Chateaubriand）指出，"很可能在某个美丽的早晨，整个宪章都因为这第十四条而被没收"。戒严状态在 1815 年 4 月 22 日的《宪法附带章程》（*Acte additionnel*）中被明文提及，并规定只有通过法律才得以宣告。此后，在 19 世纪与 20 世纪的进程中，针对戒严状态的立法就明确地标示出，同时也界定了法国的宪政危机时期。七月王朝垮台之后，制宪议会于 1848 年 6 月 24 日通过命令宣告巴黎进入戒严，并交由卡芬雅克（Cavaignac）将军负责恢复城市的秩序。因此在 1848 年 11 月 3 日的新宪法中纳入了一个条文，规定戒严状态的时机、形式与效果必须通过法律加以明定。此后，法国传统的主导原则便是（虽然如我们所见，并非毫无例外）：悬置法律的权力只能够属于制定它的同一权力，也就是议会（相对于此，德国的主流传统则是将这个权力赋予国家元首）。1849 年 8 月 9 日的法律随即规定了政治性的戒严状态可由议会（或补充性地由国家元首）在外部或内部安全产生急迫危险时加以宣告（后来则受到 1878 年 4 月 4 日的法律对部分加以修正限缩）。拿破仑三世曾经数度诉诸这部法律，而一旦他掌权之后，就在 1852 年 1 月的宪法中将宣告戒严状态的权力完全收归国家元首。其后随着普法战争和公社起义的爆发，则同步启动了例外状态史无前例的普遍化：有 40 个省宣告例外状态，其中部分一直持续到 1876 年。基于这些经验，并在 1877 年 5 月由麦克马洪（MacMahon）领导的政变失败后，1849 年的法律才再度被修正为：戒严状态唯有通过法律才能在发生"由对外战争或武装叛乱所引发之急迫危险"的情况下加以宣告（或是当议会不在会期中时，得由国家元首宣告，但必须在两日内召集议会［1878 年 4 月 4 日的法律第一条］）。

随着第一次世界大战的爆发，大部分的参战国家都同步宣告了持续性的例外状态。1914 年 8 月 2 日，庞加莱（Poincaré）总统发布了一道使整个国家进入戒严状态的命令，两天后议会将其转化为法律。这个戒严状态的效力一直持续到 1919 年 10 月 12 日才终止。虽然议会的运作在战争的前六个月暂时停摆，但在 1915 年 1 月重新召开后，事实上大部分通过的法律都只是对于行政部门的单纯立法授权。例如 1918 年 2 月 10 日的法律便授予政府可以通过命令管制粮食生产交易之实际上的绝对权力。廷斯滕已然指出，通过这样的方式，行政权已将自身转变成为实质上的立法机关（Tingsten, 1934, p.18）。无论如何，正是在这段时间，通过行政命令进行例外立法成为欧洲民主国家普遍流行的一种做法（而如今我们已太过习以为常）。

一如人们所料，行政权在立法领域的扩张在战争结束之后依然持续发展，并且重要的是，借由在战争与经济之间建立起某种隐含的相似性，军事性的紧急状态如今便让位给了经济性的紧急状态。1924 年 1 月，在一个威胁到法郎稳定性的重大危机时刻，庞加莱政府要求拥有关于金融事务的完全权力。经过一场尖锐的辩论后——反对党指出，这无异于议会放弃了自身的宪法权力——这部法律在 3 月 22 日获得通过,并将政府的特别权力限制在 4 个月内。类似的措施也在 1935 年由赖伐尔(Laval)政府向议会提出,而其随后便发布了超过 500 个"具有法律效力"的命令以阻止法郎贬值。当时由布鲁姆(Léon Blum)领导的左派在野党对这个"法西斯"的做法提出了强烈的反对。但值得留意的是,一旦他们与人民阵线(Fronte popolare)联合执政时,左派政府就在 1937 年 6 月向议会要求完全权力以促使法郎贬值、建立外汇管制及开征新税。已有学者指出(Rossiter, 1948, p.123),这意味着在战争期间所展开的通过行政命令进行立法的新做法,已广为所有的政治势力接受。1937 年 6 月 30 日,被拒绝给予布鲁姆的权力被赋予了秀东(Chautemps)政府,其中几个重要职位则由非社会主义者担任。1938 年 4 月 10 日,达拉第(Édouard Daladier)则向议会要求并得到了通过命令立法的例外权力,以同时对抗纳粹德国的威胁和经济危机。针对这样的模式,我们可以说,直到第三共和结束时,"议会民主的正常程序都处于悬置状态中"(同上书,p.124)。重点是,当我们致力于研究所谓的独裁政体在意大利与德国的崛起过程时,莫忘了这个在两次大战期间同步发生的民主宪政体制的转变。在例外状态典范的压力下,整个西方社会的宪政生活逐渐开始采取一种新的形式,或许直到今日才完全发展成熟。1939 年 12 月战争爆发后,法国政府得到了通过命令的方式采取一切确保国家防卫之必要措施的权力。议会依然持续集会(除为剥夺共产党议员的免责权而暂停一个月之外),但一切的立法活动都已经牢牢掌握在行政部门手中。到了贝当(Pétain)元帅上台时,法国议会已然成为自己的影子。尽管如此,1940 年 7 月 11 日的宪法仍然赋予了国家元首在整个国家领土上宣告戒严状态的权力(而当时已有部分被德军占领)。

在现行宪法中,例外状态是由戴高乐(De Gaulle)所提议的第十六条加以规范。这个条文规定共和国总统可以"在共和国体制、国家独立性、领土完整性或国际承诺之履行遭受严重立即威胁,且宪法公权力之常态运作遭受阻碍时",采取一切必要的手段。在1961年4月的阿尔及利亚危机期间,戴高乐便动用了第十六条,即便当时公权力的运作并未受到阻碍。从此以后,第十六条就再也没有被使用过。然而,相应于在所有西方民主国家都正在发生的一种趋势,例外状态的宣告逐渐被另一种典范所取代,那就是前所未有的作为常态治理技术之安全典范的普及化。

魏玛宪法第四十八条的历史是如此紧密地与两次大战间的德国史相互交织,以至于若是没有先针对这个条文在1919年到1933年之间的运用及滥用进行初步分析的话,就不可能理解希特勒的上台。这个条文的前身是俾斯麦宪法(Costituzione bismarckiana)的第六十八条,其规定在"帝国领土上公共安全受到威胁"的情况下,授予皇帝宣告帝国的某一部分处于战争状态(Kriegszustand)的权力,而该条文的实施方式则参照普鲁士1851年6月4日关于戒严状态的法律。在随着战争结束而来的失序与暴动中,负责投票通过新宪法的国民会议代表们,在以普洛伊斯为首的法学家的协助下纳入了一个赋予帝国总统极为广泛之例外权力的条文。第四十八条的规定如下:"当德意志帝国之安全与公共秩序遭受严重(erheblich)侵害或威胁时,帝国总统得采取为恢复安全与公共秩序之必要措施,如需要并得诉诸武力。为达此一目的,帝国总统得悬置第一百一十四、一百一十五、一百一十

七、一百一十八、一百二十三、一百二十四及一百五十三条所定之全部或部分基本权利(Grundrechte)。"该条并附带规定应由法律明定此一总统权力的施行细节。然而因为这部法律从未通过,总统的例外权力也就始终处于高度不确定的状态。这不仅使得学说在论及第四十八条时经常使用"总统独裁"这样的说法,施米特在1925年更得以写道:"地球上没有任何一部宪法像魏玛宪法一样,可以如此轻易地合法化一场政变。"(Schmitt, 1995, p.25)

共和政府从布吕宁(Brüning)开始便持续运用第四十八条来宣告例外状态,并发布了超过250次的紧急命令(除1925年至1929年间的相对休止外)。① 在其众多运用中,包含政府通过这个条文对于数千名共产主义好战分子加以监禁,并设立能判处死刑的特殊法庭。更多时候,特别是在1923年10月间,政府则诉诸这个条文来对抗马克的暴跌。这也呼应了将政治—军事的紧急状态与经济危机并置的现代趋势。

人们都知道魏玛共和末期是如何完全在例外状态体制中度过。相较之下,鲜为人知的观点是:假如这个国家不是在将近三年之中一直处于总统独裁下,或是如果议会依然保持运作,希特勒或许就不会掌权。1930年7月,布吕宁政府成为少数执政。然而,相对于提出辞呈,他获得了兴登堡(Hindenburg)总统动用第四十八条并解散**议会**(Reichstag)的支持。从这时起,德国实际上已不再是一个议会制的共和国。在接下来的这段时间,议会总共

---

① 此处阿甘本的行文似乎容易产生误导:事实上,布吕宁在1930年3月才上台执政,而这250余次的紧急命令则是整个魏玛时期所发布的总数(参照 Rossiter, *Constitutional Dictatorship*, 2002, p.33)。

只集会了7次，总计不超过12个月。其间社会民主党与中央党（centristi）所组成的脆弱联盟，只能够站在一旁看着当时完全仰赖帝国总统支持的政府。1932年，兴登堡击败希特勒与泰尔曼（Thälmann）再度当选后，他就迫使布吕宁辞职，并提名中央党的冯帕彭（von Papen）取而代之。议会在6月4日被解散之后，直到纳粹上台前都未再召开。7月20日，普鲁士地区被宣告进入例外状态，冯帕彭被任命为接管普鲁士的帝国代表，拔除了布劳恩（Otto Braun）的社民党政府。

　　对于德国在兴登堡总统统治下所处的例外状态，施米特曾以总统作为"宪法守护者"而采取行动的观点在宪法的层次上加以正当化（Schmitt, 1931）。然而，魏玛共和的终结却正好清楚地表明：相反，"防卫式民主"（democrazia protetta）根本不是民主，而宪政独裁的典范则是一种将致命地导向极权体制建立的过渡阶段。

　　有鉴于此，我们可以理解为何战后联邦共和国的宪法并未提及例外状态。然而，在1968年的6月24日，基督教民主党与社会民主党所组成的"大联合政府"投票通过了**一条修宪的法律**（Gesetz zur Ergänzung des Grundgesetzes），重新引入了例外状态（其被定义为"国内紧急状态"[innere Notstand]）。于是带着某种无意的反讽，在这个制度的历史中，例外状态的宣告头一次不只是为了保卫安全与公共秩序，而且是为了捍卫"民主自由的宪法"。防卫式民主已然成为常规。

　　1914年8月3日，瑞士联邦议会授予联邦委员会（Consiglio federale）"采取为保障瑞士之安全、完整及中立之一切必要措施之无限权力"。这个非比寻常的动作——一个非参战国通过这样的授权所赋予其行政部门的权力,甚至比直接卷入战争的国家政府所获得的权力更为广泛和不确定——所引发的论辩令人深感兴趣。这些争议不只发生在议会本身,还延伸到一般民众向瑞士联邦法院提起的违宪诉讼中。较之宪政独裁理论早了将近30年,这些瑞士法学家不屈不挠的尝试在此显示:例外状态理论绝非反民主传统的专属遗产。例如华德基希(Waldkirch)和布克哈特(Burckhardt)试图从宪法条文本身导出例外状态的正当性(根据第二条规定:"邦联[Confederazione]的目的在于确保祖国独立于外国统治,并维持国内秩序与安宁");赫尔尼(Hoerni)和弗莱纳(Fleiner)则将例外状态奠基于"国家存在所固有之"必要权利;希斯(His)则主张它的正当性来自必须由例外规定加以填补的法律漏洞。

例外状态在意大利的历史与法律处境,从它乃是通过紧急行政命令(decreti governativi di urgenza,也就是所谓的"法律命令"[decreti-legge])的方式进行立法的角度来看具有特别的意义。的确,就此而言,意大利可以说是一个真正的政治-法律实验室,组织发展着一个同时也在欧洲其他国家以不同方式呈现的过程,其中法律命令"从一种制定规范的偏差与例外手段,变成了法律制定的日常来源"(Fresa, 1981, p.156)。而这也意味着,正是这样一个政府经常处于不稳定状态的国家,向我们展示了民主如何从议会制转变为行政制(governamentale)的重要典范。无论如何,正是在这个脉络中,发布紧急命令对于例外状态这个棘手场域的重要性得以清晰浮现。阿尔贝蒂诺宪章(Statuto albertino)在这点上(一如其他的共通点)和现行的共和宪法一样都没有提到例外状态。即便如此,王国政府依然多次诉诸戒严状态(stato di assedio)的宣告:1862年与1866年在巴勒莫(Palermo)及西西里(Sicilian)省,1862年在那不勒斯,1894年在西西里与露尼佳纳(Lunigiana),以及1898年在那不勒斯和米兰,并且因为在最后这两个地方对于暴动的镇压特别血腥,而在议会引发了激烈的辩论。至于1908年12月28日在墨西拿(Messina)和雷焦卡拉布里亚(Reggio Calabria)的大地震之后所宣告的戒严状态,只是表面看来像是另一种独立的事态:不仅宣告的理由最终还是基于公共秩序(用来镇压灾后的趁火打劫),就理论而言同样深具意义的是,它为罗马诺(Santi Romano)和其他意大利法学家提供了一个阐述以下命题的天赐良机(对此我们之后将会仔细探究)——迫切/必要性(necessità)乃是法律的首要来源。

在所有这些案例中,戒严状态都是通过国王命令的方式加以宣告。尽管在命令中并未包含任何的国会同意条款,这些命令就如那些与戒严状态无关的紧急命令一样,总是会得到国会批准(因此在1923年与1924年,数千个在前几年发布但尚未处理的法律命令就一起被包裹式地转化为法律)。1926年,法西斯政权颁布了一部明文规定法律命令相关事项的法律。该法第三条规定,经内阁会议讨论后得以国王命令发布"具有法律效力的规范,若(1)政府已就此得到法律的授权,且在该法律的授权范围内;或(2)在非常情况下,出于急迫且绝对必要之事由。对必要性和紧急性之判断不受国会政治监督外之其他监督"。而在第二项所规定的命令中,尚须包含该命令必须交由国会转化为法律的条款。然而在法西斯政权统治期间,议会完全丧失自主性的政治现实让这个条文形同虚设。

尽管法西斯政府滥用紧急命令的情况严重到连这个政权本身在1939年都感到有必要限定其范围,战后的共和宪法第七十七条仍然完全因袭先前的做法,规定"在必要与紧急之非常情况下",政府可以采取"具有法律效力之暂时措施(provvedimenti provvisori)"。这些措施必须在当天提交国会,若于公布后的60天内未由国会转化为法律,则将失其效力。

众所周知,此后通过法律命令的方式进行行政权立法的做法,在意大利已然成为常规。不只是当面临政治危机时,政府就会发布紧急命令而得以回避唯有通过法律才能限制人民权利的宪政原则(参见为了镇压恐怖主义所发布的1978年3月28日的第五十九号法律命令,之后被转化为1978年5月21日的第一百九十一号法律,也就是所谓的莫罗法[legge Moro],以及1979年12月15日的第六百二十五号法律命令,被转化为1980年2月6日的第十五号法律);由法律命令所构成的常态立法形式甚至已经达到可以被定义为"针对保证成立的紧急状态的加强版法律提案"的地步(Fresa, 1981, p.152)。这意味着权力分立的民主原则如今已被打破,而行政权事实上已至少部分吸收了立法权。议会不再是拥有通过法律拘束人民之专属权力的最高机关——它仅仅自我局限于批准行政权所发布的命令。就专业术语而言,意大利共和国已非议会制,而是行政制。并且重要的是,这场所有西方民主国家如今都正以不同方式进行中的宪政秩序的类似转化,尽管已为法学家和政治家所熟知,一般民众却依然被蒙在鼓里。今天当西方政治文化正想要向其他的文化传统传授其民主经验时,它却没发现自己其实早已完全丧失了它所信奉的圭臬。

在英国，唯一与法国的**戒严状态**（état de siège）差可比拟的法律机制乃是置于**戒严法**（martial law）的名下。然而这是一个十分模糊的概念，模糊到可以合理地被界定为："一个不幸的名称，试图通过**普通法**（common law）来正当化那些当**联邦**（commonwealth）发生战争时，为了捍卫国家所采取的必要行动。"（Rossiter, 1948, p.142）然而，这并不意味着在这里无法存在某种像是例外状态的东西。根据《叛乱法》（Mutiny Acts）的规定，国王宣告戒严法的权力一般而言仅限于战争期间，但这对于发现自己事实上已被卷入武力镇压的无辜民众而言，必然会带来严重后果。施米特曾因此试图将**戒严法**与早期仅适用于军人的军事法庭和即决程序（procedimenti sommari）区分开来，以便将之理解为一种纯粹事实性的程序，从而更加贴近例外状态："无论它采取何种名称，事实上戒严法（diritto di guerra）既非法（diritto）亦非法律（legge），而是一种本质上由达到特定目的的必要性所引导的程序。"（Schmitt, 1921, p.183）

就英国的情形而言，第一次世界大战对于例外治理装置的普遍化同样起了关键作用。宣战之后，事实上政府很快就要求国会批准了一系列的紧急措施，这些措施皆由相关部会事先拟定，并且在几乎没有讨论的情况下表决通过。这些法律当中最重要的是1914年8月4日的《国土防御法》（Defense of the Realm Act），一般称之为DORA。这部法律不仅授予政府管制战时经济极为广泛的权力，同时也对一般人民的基本权利进行了严格的限制（特别是军事法庭对于一般人民的审判权）。与法国的情况相仿，国会活动在整个战争期间历经严重的削弱。对英国而言，这还涉及一个超越战争紧急状态的发展过程，并以1920年10月29日——

在一个罢工及社会张力节节高升的情境中——通过的《紧急权力法》(Emergency Powers Act)为证。事实上,这部法律的第一条便肯认:

> 凡对国王陛下而言,于任何时候,任何人或团体已采取或威胁即将采取的任何行为,依其本质与规模可被认为系借由阻碍食物、水、燃料或电力的供给与分配,或借由阻碍交通运输工具,以剥夺社群整体或其相当部分的生活所需,则国王陛下得通过正式的宣告(以下称为紧急宣告),宣布紧急状态的存在。

同法第二条则授权**国王陛下会同枢密院**(His Majesty in Council)可以发布管制措施,并可授予行政机关"为维护秩序之一切必要权力",而由此引入审判违法者的特殊法庭(**简易法庭**[courts of summary jurisdiction])。即便这些法庭所判决的处罚不得超过三个月的监禁("附带或不附带强制劳动"),例外状态的原则已然坚实地被导入英国法中。

在美国宪法中,无论从逻辑还是实践的角度而言,例外状态的理论位置都落在总统与国会权力的辩证之间。这个辩证在历史发展中被决定为(且从内战时起就以一种范例的方式决定):一场关于谁是紧急情况中之最高权威的冲突。用施米特的话来说(而这发生在一个被视为民主摇篮的国家中无疑具有重大意义),也就是关于主权决断的冲突。

这个冲突的条文依据首先在于宪法第一条,其规定"**人身保护令(*writ di habeas corpus*)之特权——非于叛乱或遭受侵略时为公共安全(*public safety*)之所需——不得被悬置"。但这个条文并未明定谁是决定悬置的有权机关(即便通说与该段落所在的条文脉络可以推定其指向的是国会而非总统)。第二个冲突点则在于第一条本身的另一个段落与第二条之间的关系:前者承认宣战与招募并维持陆海军的权力属于国会,后者则肯认"总统乃合众国陆海军之最高统帅(*commander in chief*)"。

这两个问题都随着内战爆发(1861—1865)而进入白热化阶段。1861年4月15日,林肯违反第一条的明文规定,下令征召一支75000人的军队,并定于7月4日召集国会召开临时会议。于是从4月15日到7月4日的这十周之中,林肯事实上便成了一位绝对的独裁者——在施米特以《独裁》为名的书中,他因此得以引用林肯作为委任独裁的完美范例(参见 Schmitt, 1921, p.136)。4月27日,通过一个技术上更重要的决定,他授予陆军参谋总长——在当时已发生动乱的华盛顿与费城之间的干道沿线——必要时可以悬置**人身保护令**的权力。即便在国会召开后,总统对于非常措施的自主决定权也依然持续存在——因此在1862年2月14日,林肯下令实施邮件检查,并授权对涉嫌"叛国及叛乱行为"(*disloyal and treasonable practices*)者加以逮捕并拘禁于军事监狱。

终于在7月4日召开的国会所发表的演说中,这位总统公开地以自己乃是必要时可违反宪法之最高权力的拥有者来为自己的行为辩护。他宣称他所采取的这些手段"无论严格而言是否合法",都是"在人民的要求和公共紧急状态的压力下"所决定的,并且确信将得到国会的批准。换言之,这些措施的基础乃是相信:

只要是涉及国家的统一和法秩序的存在本身,即使是最根本的法律也可以违反——"难道要让除了一条之外的所有法律皆被逾越,政府本身亦分崩离析,就只为了不违反这一条法律?"(Rossiter, 1948, p.229)

如人们所料,在战争情况下,总统与国会间的冲突基本上只存在于理论上。实际上,尽管国会充分意识到宪法所规定的权限已被逾越,它也只能够批准总统的行为,就如它在 1861 年 8 月 6 日所做的那样。通过这个同意的强化,1862 年 9 月 22 日,林肯仅凭他自身的权威便宣告了奴隶的解放,并在两天后将例外状态扩及合众国全境。他接着进一步授权逮捕并交由军事法庭审判"所有的叛乱者与造反者,其在合众国中的协助者与教唆者,以及所有反对自愿从军、抗拒民兵征召或从事任何叛国行为者,亦即对反抗合众国权威的叛乱者给予支持和协助之人"。此时,合众国总统已然成为关于例外状态之主权决断的拥有者。

根据美国历史学者的观点,威尔逊(Woodrow Wilson)总统在第一次世界大战期间所拥有的权力甚至比林肯所僭取的还要广泛。然而,更确切地说,相对于林肯对国会的忽视,威尔逊则偏好一次又一次地由国会授予他所需要的权力。就此而言,他的治理实践更接近于同一时期盛行于欧洲的做法,或是今天的做法,也就是相对于宣告例外状态,其更偏好颁布例外性的法律。总之,国会在 1917 年到 1918 年之间通过了一系列的**法律**——从 1917 年 6 月的《间谍法》(*Espionage Act*)到 1918 年 5 月的《欧佛曼法》(*Overman Act*)——赋予总统对于国家行政的全面掌控。这些法律不只禁止不忠诚的活动(例如通敌和散布假讯息),甚至连"蓄意讲述、印刷、写作或出版任何不忠、亵渎、毁谤或侮辱合众国之政府形式的言论"都不允许。

自从总统的至高权力／主权（potere sovrano）基本上被建立在与战争状态相联结的紧急情势后，在20世纪的进程中，一旦涉及必须强制执行且被视为攸关存亡的重大决定时，战争的隐喻就会成为总统的政治语汇中不可或缺的元素。富兰克林·罗斯福（Franklin D. Roosevelt）因此得以借由将他的行动比拟为军事行动中的指挥官，他在1933年取得对抗大萧条的非常权力：

> 我将毫不犹豫地担负起领导我们人民大军的责任，针对我们的共同问题发起纪律严明的攻击……我已准备好依据我的宪法职责提出一个饱受创伤的国家在一个饱受创伤的世界里所需要的一切措施……如果国会无法通过相关的必要措施，而国家的紧急情势将持续蔓延时，我将不会逃避我所要面对的明确职责——我将向国会要求授予我对抗这场危机所剩的唯一工具：**向紧急状态宣战**（to wage war against the emergency）的广泛行政权力。就像当我们遭受外敌入侵时，我将被赋予的广泛权力。（Roosevelt, 1938, p.16）

我们最好不要忘记：根据我们已经观察到的军事紧急状态与经济紧急状态作为20世纪政治特征之间的对应关系，从宪法的角度而言，新政（New Deal）的实现乃是通过授予总统针对国家经济生活的一切层面进行管制与监控的无限权力而达成的。其授权内容是由一系列的**国会立法**（Statutes）所规定，并在1933年6月16日的《国家复兴法》（National Recovery Act）中达到顶峰。

第二次世界大战的爆发更进一步扩张了这些权力:首先通过1939年9月8日发布的"有限"国家紧急状态,接着在珍珠港事件后,于1941年5月27日转变为无限的紧急状态。1942年9月7日,当他要求国会废除一项有关经济事务的法律时,这位总统再度重申了面临紧急状态时他所拥有的至高权力:"在国会没有采取行动或是没有采取适切行动的情况下,我自己将承担行动的责任……美国人民可以肯定,我将毫不犹豫地行使为了击败我们的敌人而赋予我的一切权力,在为了维护我们的安全所需的世界任何角落。"(Rossiter, 1948, p.268—269) 这些行动当中,最引人注目的人权侵犯事件(且由于此事仅出于种族因素而更为严重)发生于1942年2月19日:当时居住在美国西岸的70000名日裔美国公民(连同40000名在当地生活与工作的日本公民)遭到了强制驱离。

因此,我们必须从这个角度,也就是总统在紧急情况中拥有主权/至高权力宣称,来理解布什总统在2001年9月11日之后持续称自己为**三军最高统帅**(*Commander in Chief of the Army*)的决定。如我们所见,若承担这个头衔意味着直接涉及例外状态,那么布什正试图创造出这样一种情境:在其中紧急状态成为常规,而和平与战争的区分本身(以及对外战争与世界内战之间的区分)将不再可能。

1.8 与法律传统上的分歧相应,学说上也存在着分歧:有些学者试图将例外状态纳入法律体制的范畴中,另一些学者则将之视为外于法律体制的事物,也就是本质上为政治的,或总之是超法律的现象。在前一派中的某些学者,例如罗马诺、欧里乌(Hauriou)与摩尔达提(Mortati),是将例外状态设想为实证法的一个不可或缺的内在部分,因为作为实证法基础的迫切/必要性(necessità)本身就是法律的一个独立来源。另一些学者,如赫尔尼、罗那雷提(Ranelletti)与罗西特,则将其理解为国家自我保存的主观权利(自然权利或宪法权利)。而在后一派的学者中,包括毕斯卡雷提(Biscaretti)、巴拉多尔-帕里耶利(Balladore-Pallieri)与马尔伯格(Carré de Malberg),则将例外状态以及作为其基础的迫切/必要性视为本质上超法律的事实元素,即便在某些情况下它们可能会对法律领域产生影响。于是哈谢克(Julius Hatschek)将各种不同立场重新展现为两种立场的对立:一种是**客观的紧急/迫切状态理论**(*objektive Notstandstheorie*)①,这种理论主张所有在紧急/迫切状态中施行逾越或违反法律的行为都具有违法性,因此就其本身而言在法律上是可归责的;另一种则是**主观的紧急/迫切状态理论**(*subjektive Notstandstheorie*),其主张例外权力乃是奠基于国家的"宪法或前宪法(自然)的权利"(Hatschek,1923,pp.158以下),因此单纯的善意便足以确保法律责任的免除。

  隐含在这些理论中的单纯的地形学式的对立(之内/之外),似乎不足以说明它们所要解释的现象:假如例外状态的本质是法律体制(ordinamento giuridico)(全部或部分)的悬置,那么这样的悬置如何能够依然包含在法律秩序(ordine legale)中?一种无法/失序状态(anomia)如何能被写入法秩序(ordine giuridico)中?相反,如果例外状态只是一个事实情境,因此本身外在或对立于

---

① Notstand在国内多被译为"紧急状态",但其字面意思为迫切/必要状态(state of necessity)。

法律,那么法律体制又怎么可能正好在具有决定性的情境中包含着一块空缺(lacuna)？而这个空缺的意义又是什么？

事实上,例外状态既非外在亦非内在于法律体制,而它的定义问题正关乎着一个阈界,或是一个无差别地带,其中内与外并非相互排除,而是无法相互确定。规范的悬置并非意味着它的废除,而由此所设置的无法地带亦非完全与法秩序无关(或至少其宣称并非无关)。因此产生了那些像是施米特的理论兴趣,将地形学式的对立转化为一种更加复杂的拓扑关系,而其中成为问题的正是法律体制的界限本身。无论如何,对于例外状态问题的理解最终预设了对于它的定位(或是去定位[illocalizzazione])的正确决定。如我们将会看到的,关于例外状态的冲突基本上呈现为关于它所在之确切**位置**(locus)的争议。

1.9 有一个我们反复看到的观点是将例外状态的基础建立在迫切/必要性(necessità)①的概念上。一句被不断复诵的**拉丁谚语**(而法谚[adagia]在法律文献中的策略性功能的历史仍有待研究)——*necessitas legem non habet*(迫切无法),这句话可以被理解为两种截然相反的意思:"迫切性不承认任何法律"和"**迫切性创**

---

① Necessita, *necessitas*(necessity)本意为必要性或必然性。然而 stato di necessita 或 Notstand 则意指紧急状态,defense of necessity 则是类似紧急避难的法律抗辩事由。此外,在紧急命令或措施的相关规定中,常有"为必要之处置或措施"的类似用语。在这个复杂、相邻的语意脉络下,这个译本原则上将 necessita 译为"迫切性",而 stato di necessita 译为"迫切状态",希望尽可能兼顾"必要"与"紧急"之意。

造它自己的法律"(nécessité fait loi)。在这两种情况下,关于例外状态的理论都被完全化约为**紧急/迫切状态**(status necessitatis)的理论,于是对紧急/迫切状态是否存在的判断,便解消了例外状态是否正当的问题。因此关于例外状态的结构与意义的探讨,也就预设了对于迫切性的法律概念分析。

我们可以在格拉提安(Graziano)的《教令集》(Decretum)中找到"**迫切无法**"所依据的原则的表述。它一共出现了两次:第一次在注释中,第二次在文本中。首先,这个注释——在它所指涉的段落中,格拉提安仅限于一般性地肯认"许多事乃出于迫切性或其他某些原因而未依规则为之"(pars Ⅰ, dist. 48)——似乎赋予了迫切性能够让非法行为合法化的力量("**若某事系出于迫切而为之,其便属合法而为,盖非法者若迫切则合法。故迫切无法**"①)。然而对于这句话的含意,我们可以从格拉提安接下来讨论弥撒庆典的文本中得到更好的理解(pars Ⅲ, dist. 1, cap. 11)。在明确指出祭品应该置于圣坛或一个神圣的场所后,格拉提安补充道:"与其在不该庆祝弥撒的地方庆祝,宁可不要歌咏或聆听弥撒,除非在此举行乃是出于至高的迫切性,因为迫切无法。"(nisi pro summa necessitate contingat, quoniam necessitas legem non habet)与其说使非法行为合法化,毋宁说迫切性在这里是在一个特定的单一个案中,通过例外来正当化某个违法行为。

这一点很清楚地展现在托马斯(Thomas)于《神学大全》(Summa theologica)中阐释与评论此一原则的方式中,而他正是将

---

① 原文为: Si propter necessitatem aliquid fit, illud licite fit: quia quod non est licitum in lege, necessitas facit licitum. Item necessitas legem non habet。

这个原则联结到君王所拥有的免除法律适用的权力（*Prima secundae*, *q.96*, *art. 6*：**一个受法律约束的人可否违反法律的明文规定而行动**①）：

> 如果遵从法律的文字并不会产生立即的危险而必须立刻加以纠正，那么并不是任何人都有权解释对于城邦而言什么是有益或有害的。这乃是君主的专属权力，他在这种情况中拥有免除法律适用的权威。然而，倘若出现突发的危险而无暇诉诸更高的权威，那么这个迫切性本身就带来了豁免，因为迫切性并不从属于法律（*ipsa necessitas dispensationem habet annexam, quia necessitas non subditur legi*）。

于是，迫切性的理论在这里不外乎就是一个例外（*dispensatio*）的理论；通过这种方式，单一个案被免除了服从法律的义务。迫切性并非法律的来源，也没有真正悬置法律——它仅限于将某个单一个案排除于规范的字面适用之外："在迫切情况下逾越法律条文而行动的人，并非依据法律做判断，而是依据个案为之，在个案中他体认到无须遵守法律的文字（*non iudicat de ipsa lege, sed iudicat de casu singulari, in quo videt verba legis observanda non esse*）。"在这里，例外的最终基础并非迫切性，而是以下原则："所有的法律都是为了人的共通福祉制定的，并且只为了这个目的才拥有法律效力和理由（*vim et rationem legis*）。如果它无法实现这个目的，那

---

① 原文为：*utrum ei qui subditur legi, liceat praeter verba legis agere*。

么它也就不再具有约束的效力(*virtutem obligandi non habet*)。"在必要情况下,法律丧失了它的**约束力**(*vis obligandi*),因为在这个特殊个案之中欠缺**人类福祉**(*salus hominum*)的目的。我们可以清楚看到,这里涉及的并非一种**状态**(*status*)或一种法秩序本身的处境(例外或迫切状态),而总是某个单一个案,其中法的**力**(*vis*)与**理**(*ratio*)皆无法适用。

א 我们可以在格拉提安汇编的一个独特段落中,找到一个**基于恩赦的豁免**(*ex dispensatione misericordiae*)而不适用法律的案例。此处这位教会法学者肯定地指出教会可以在违法事实已然发生的情况下,忽略对于违法行为的制裁(**基于事情的后果**[*pro eventu rei*],例如一个不能晋升主教职位的人事实上已被任命为主教)。十分吊诡的是,在这里法律的不适用正是因为违法行为已经有效地践行,而其制裁反而会对教会带来负面的效果。许茨(Anton Schütz)在分析这个文本时正确地指出:"通过以事实性来限定法律效力,通过寻求与法外之真实世界的接触,他(格拉提安)防止了法律仅仅只是自我指涉着法律,也避免了法律系统的封闭性。"(Schütz, 1995, p.120)

在这个意义上,中世纪的例外体现了法律系统对于外在事实的开放性。在某些特殊情况下经由某种**法律拟制**(*fictio legis*),主教的选任就仿佛是正当的。相对于此,现代的例外状态则试图将例外本身纳入法秩序之中,从而创造出一个事实与法律相互重合的无区分地带。

א 我们可以在但丁的《论世界帝国》(*De monarchia*)中发现一

个对于例外状态的隐微批判。为了试图证明罗马不是通过暴力而是通过**法**(*iure*)得到世界的统治,但丁坚称不通过法来达到法的目的(共善)是不可能的,也因此"任何人若想要达到法的目的,皆应依法为之"(*quicunque finem iuris intendit cum iure graditur*,II,5,22)。像是法的悬置或许对共善而言有其必要的这种想法,对中世纪的世界来说是相当陌生的。

1.10 只有对现代人而言,迫切状态才倾向于被纳入法秩序之中,进而呈现为一种真正的法律"状态"。通过迫切性来定义某个法律在其中失去**拘束力**的单一特殊情境的原则(这乃是法谚"**迫切无法**"的意义)被翻转成了另一个原则:根据这个原则,迫切性可以说构成了法律的最终基础与源头本身。这样的观点不仅对于那些试图借由这种方式来正当化一个国家对抗另一个国家的国家利益的作者来说是正确的(如同"**迫切无诫命**"[*Not kennt kein Gebot*]的这个说法在普鲁士总理贝特曼·霍尔维格[Bethmann-Hollweg]所使用后,又在柯勒[Josef Kohler,1915]的同名著作中再次出现)。另一方面,对于从耶利内克(Jellinek)到狄骥(Duguit)的这些法学家而言,这个原则也同样为真:他们在迫切性中看到了行政机关在例外状态下所发布的具有法律效力之命令的效力基础。

从这个角度分析罗马诺的极端立场将会很有意思。这位法学家对于两次大战期间的欧洲法律思想具有显著的影响,他不仅未将迫切/必要性(*necessità*)理解为某种外于法律体制的事物,甚至更将它设想为法律首要与原初的来源。他首先区分了两种观点:一种在迫切性中看到某种法律事实,或甚至是国家的主观权利,因此最终便将它的基础奠定在现行有效的立法与一般法律原则上;另一种观点则将迫切性设想为单纯的事实,因此奠基其上的例外权力在制定法的体系中便不具任何基础。然而对罗马诺而言,这两种立场同样都将法(diritto)等同于法律(legge),都是错的,因为它们都未认识到在立法制定的法律之外还存在着一种真正的法源(fonte di diritto)。①

> 我们在这里所关注的迫切/必要性必须被理解为一种事物的状态,其即便具有规则性并以一种已完成且具有实际运作效力的方式存在着,却无法被先前制定的规范所规制。如同另一个人们常听到的说法:如果迫切性不具法律,它就创造法律。也就是说,它将自身建构为一个真正的法源……我们可以说,迫切性是一切法律首要与最初的来源,相对于它,其他的法源在某种程度上都可被视为衍生的……并且,我们应该在迫切性中追寻法律制度的极致典范,也就是国家,以及一般而言,其宪政体制的起源与正当化基础:当它作为某种事实性的过程而被建立时,例如在革命之路上。而这些在一个特定

---

① 类似于德文的 Recht 和 Gesetz、法文的 droit 和 loi,意大利文也有两个指涉法律的字 diritto 和 legge。diritto 意指广义的法或是法的整体(包含制定法、习惯法、法理,等等),以及主体的"权利"。相对于此,legge 则多半指个别的、立法制定的"法律",如先前提到的反恐的"莫罗法"(legge Moro)。在作者明确对比这两种概念时,将分别译为"法"与"法律"并标示原文。至于其他并未明显区分不同意涵之处,则随行文通顺并未严格采取不同译语。

政体创建初期所经历的过程,也仍然可以通过某种例外的途径和较为缓和的特征,在其已然建立并规定其基本制度之后再次发生。(Romano,1990［1909］,p.362)

例外状态因此以迫切性的形象——伴随着革命与宪政秩序的事实性创建——呈现为一种"违反法律"(illegale),但却完全"合乎法与宪政"(giuridico e costituzionale)的措施,在新的规范(或是一个新的法秩序)的产生中被具体化:

> 以下这个说法似乎是最准确适切的表述方式:在意大利法中,戒严状态是一种违反法律(legge)的措施,我们因此也可以说它是违法的(illegale),然而它却又同时合乎不成文的实证法(diritto positivo non scritto),因此是合乎法与宪政的(giuridico e costituzionale)。迫切性可以胜过法律的这件事乃出于其本质,也出于其原初特征,因此无论是从逻辑或历史的角度来看皆是如此。固然法律(legge)的确已经成为法规范(norma giuridica)最高和最普遍的展现形式,然而当它想要将自身的支配延伸到属于它的领域之外时,便未免过于夸大了。有些规范无法或是不适合被明文规定,有些则无法被确定,除非当它所要规范的事态真的发生时。(同上书,p.364)

安提戈涅(Antigone)以**不成文法**(*agrapta nomina*)对抗成文法的姿态,在这里被翻转并用来坚持捍卫已然建立的秩序。然而在

1944年，当一场内战已经在他的国家爆发时，这位年迈的法学家再度投入了对迫切性问题的研究（他已经研究过宪政秩序的事实性建立），而这次则与革命相关。假如革命无疑是一种事实状态，"在其过程中无法被它企图推翻和摧毁的国家权力所规制"，因此在定义上便是"违反法制的（antigiuridico），即便当它合乎正义"（Romano, 1983, p.222）。然而革命之所以呈现为这样的形式，只有

> 从它所投身对抗的国家实证法的角度来看才是如此。但这并不排除从它据以界定自身的迥异观点看来，它乃是一场由自己的法所规制的运动。换言之，在原初法秩序（ordinamenti giuridici originari）这个说法已为人熟知的意义上，它无疑应该被归入其范畴。就此而言，且仅限于这里所指涉的范围，我们或许可以谈论一种革命法（diritto della rivoluzione）。关于那些最重要的革命（包含最近的这些）是如何进展的考察，对于阐释我们已经提出的论点将具有重大的意义，即便乍看之下似乎有些吊诡：革命虽然是暴力，却是依法组织的暴力（violenza giuridicamente organizzata）。（同上书，p.224）

因此**迫切状态**（*status necessitatis*）无论是以例外状态还是革命的形式，都呈现为某种暧昧不明的地带，其中外于或反于法律的事实过程穿透了法律，而法规范在纯粹的事实之中亦无法加以确定。也就是说，存在着一个事实与法律似乎都变得无可决定的阈界。假如我们可以说，在例外状态中事实被转化成法律，"紧急状

态是一种事实状态,但如同法谚贴切地指出:**法源自事实**(*e facto oritur ius*)"(Arangio-Ruiz, 1972 [1913], p.528)。那么相反的说法也同样成立,亦即在例外状态中有一股反向运动,其中法律在事实之中被悬置与撤销。无论是哪一种说法,重点都在于创造出一个无可决定的阈界,在其中**事实**(*factum*)与**法**(*ius*)相互隐没到对方之中。

由此产生了所有尝试定义迫切/必要性的理论都无法克服的难题。假如一项必要措施已经是法规范而非单纯的事实,为何它还需要通过一部法律加以批准同意,一如罗马诺所坚信这乃是不可或缺的要件(而大部分的作者也都同意他的看法)?假如它已经是法律,为何它若没有得到立法机关的同意便只是暂时性的?反过来说,假如它并非法律,而不过只是单纯的事实,又为何批准的法律效力不是从它被转化为法律时起算,而是**自始生效**(*ex tunc*)(狄骥正确地提醒我们,这样的回溯乃是一种拟制,批准其实只能从其发生时起才会产生效力[Duguit, 1930, p.754])?

然而最极端的困境——在此所有的迫切性理论最终都触礁沉没——乃是关于迫切性的本质,而对此论者们或多或少都一直无意识地将它理解为一个客观情境。面对这种天真的想法(其背后预设了某种这些理论本身都已经提出质疑的纯粹事实性),另一些法学家毫不费力地提出批判:迫切性远非自我呈现为某种客观既存的事物,而总是蕴含着一个主观的判断。所谓的迫切与例外,显然都只存在于那些被如此宣告的情势。

> 迫切/必要性的概念是一个全然主观性的概念,视人们想要达到的目的而定。一方面,人们或许可以说迫

切性断然要求某个特定规范的发布,因为若非如此,现行的法秩序就将遭到毁灭。但前提是人们对于现行秩序应该被保存这件事必须具有共识。另一方面,也可能是一场革命暴动宣告了一个新规范——要求废除与新的需求(esigenze)对立的现行制度——的迫切性。为了符合新的需求,人们同样必须同意对现行秩序加以毁弃。无论是哪一种情况……诉诸迫切性都蕴含着一个道德或政治评价(或无论如何是超越法律的评价)。通过这个评价,人们对法秩序进行审判,认定其是否值得保存或强化,甚至得以违反它的某些规范为代价。因此,迫切性原则无论在何种情况下,都是一个具有革命性的原则。(Balladore-Pallieri, 1970, p.168)

试图通过迫切状态来解决例外状态的尝试,因此遭遇到比它原本所要解释的现象同样的,甚至更加严重的困境。迫切性不仅最终被化约为一个决断,甚至它所要决断的对象,其实是某种在事实与法律上无可决断的事物。

א 施米特在他自己的著作中曾经数次引用罗马诺的文章,因此极有可能知道罗马诺将例外状态奠基于作为法律原初泉源的迫切性的企图。他自己的主权作为例外之决断的理论,也同样赋予了**迫切/紧急状态**(Notstand)一个真正具有根本性的位阶,因此绝对可与罗马诺将其视为法秩序之原初形态的理解相提并论。此外,他与罗马诺还共享了法(diritto)无法穷尽于法律(legge)的想法(而他正是在批判自由主义**法治国**[Rechtsstaat]的脉络中引用了罗马诺,因此绝非巧合)。然而,相较于这位意大利法学家将国家完全等同于法,因此拒绝赋予制宪权的概念在任何法律上的重要性,施米特在例外状态中所见到的,则正是一个国家与法之间显示出不可化约之差异性的时刻——在例外状态中"国家持续存在,而法却消失了"(Schmitt 1922, p.39)。因此他得以将例外状态的极端形象奠基在**制宪权**(*pouvoir constituant*)之上,亦即,例外状态作为主权独裁(dittatura sovrano)。

1.11 根据某些作者的看法,在迫切状态中"法官阐释了某种关于危机的实证法,就像在承平时期他填补了法的漏洞(le lacune del diritto)"(Mathiot, 1956, p.424)。通过这种方式,例外状态的问题被联结到一个法律理论中特别有趣的问题,那就是法的漏洞。至少从拿破仑法典的第四条开始("以法律的欠缺、模糊或不足为由而拒绝审判的法官,得以触犯否定正义/司法[diniego di giustizia]之罪加以起诉"),在大多数的现代法律体系中,法官都负有宣告判决的义务,即便法律出现了漏洞亦然。通过类比于"法律(legge)容有漏洞,但法(diritto)则不容"的原则,迫切状态因此被解释为一个公法中的漏洞,而行政权则对之负有填补的义务。借由这样的方式,一个关于司法权的原则便延伸到了行政权之上。

但当我们更仔细地观察时便会产生疑问:在这里所争议的漏洞究竟是由什么构成的? 这里真的存在固有意义上的漏洞吗? 事实上,这里的漏洞并非立法文本中应该交由法官加以补充的缺漏。它所关乎的是为了确保对现行有效的法律体制的**悬置**的存在。远非对于某个规范漏洞的回应,例外状态呈现为某种在法律体制中所开启的虚拟漏洞,以维护规范本身的存在及对于正常情况的适用。漏洞并非内在于法律之中,而是关乎着法律与现实的关系,关乎法律适用的可能性本身。仿佛法本身一直包含着某种在规范之所在(la posizione della norma)与其适用之间的根本断裂,而这个断裂在极端情况下只能通过例外状态加以填补。亦即,借由创造出一个地带,使法律的适用遭到悬置,但法律本身却依然保持有效。

第二章

法律效力

Forza-di-legge

2.1 就例外状态的理论建构而言,最严谨的尝试非施米特的著作莫属:主要是在《独裁》一书,以及一年后的《政治神学》中。正因这两本在 20 世纪 20 年代初问世的书,以某种可以说是与我们切身相关的预言,描述了一个不仅至今仍然存在,甚至到了今天才完全发展成熟的典范(一种"治理的形式"[Schmitt, 1921, p. 151]),因此我们有必要在现在这个点上仔细阐释施米特学说中关于例外状态的基本论点。

首先是一些术语顺序的考察。在 1921 年的书中,例外状态是以独裁的样貌被提出的。包含了戒严状态的独裁,基本上是一种"例外状态",而当它呈现为"法的悬置"时,则可被化约为关于一个"具体的例外"的定义问题,"一个至今尚未被法的一般理论妥善思考的问题"(同上书, p. XVII)。而将例外状态如此写入法律脉络中的独裁,则进一步被区分为:以保卫或恢复现行宪法为目的的"委任独裁"(dittatura commissaria),以及作为例外之形象可谓达到其临界质量或熔解点的"主权独裁"(dittatura sovrana)。在《政治神学》中,"独裁"和"戒严状态"的用语因此得以消失而由**例外状态**(*Ausnahmezustand*)取而代之。同时,至少从表面上看,重点也从对于例外的定义转移到对主权的定义。因此施米特学说的策略具有两个阶段,我们必须清楚掌握其接合(articolazioni)的方式与目的。

在这两本书中,施米特理论的**最终目的**(*telos*)都在于将例外状态写入法的脉络之中。施米特完全了解，例外状态因为实现了"整体法秩序的悬置"（Schmitt, 1922, p.18），因此似乎"将自身排除于任何法的考量之外"（Schmitt, 1921, p.137）。甚至"在其事实性的构成中，亦即在其最内在的实体中，无法具有法的形式"（同上书，p.175）。即便如此，对他而言，重要的仍是无论如何都必须确保例外状态与法秩序的某种关系："独裁，无论是委任性还是主权性的，都蕴含着对于法律脉络的指涉。"（同上书，p.139）"例外状态总是某种不同于无政府与混乱的事物。在法律意义上，其中仍然存在着某种秩序，即便不是一种法秩序（ordine giuridico）。"（Schmitt, 1922, p.18 以下）

因此，施米特理论的特殊成就正在于使这种在例外状态与法秩序之间的接合成为可能。这里涉及的是一种吊诡的接合，因为必须写入法律中的乃是某种本质上外于法律的事物，亦即，无非法秩序本身的悬置（由此产生了那难以理解的表述，"在法律意义上……仍然存在着某种秩序，即便不是一种法秩序"）。

这个将某种外部写入法律之中的操作符码（operatore），在《独裁》这本书中，就委任独裁而言，是法规范与实现法（*Rechtsverwirklichung*）的规范之间的区分；就主权独裁而言，则是制宪权与宪制权之间的区分。① 首先，委任独裁正因事实上是"在具体情境中悬置宪法以捍卫其存在"（Schmitt, 1921, p.136），因此最终便具有创造出一个"使法得以适用"的事物状态的作用（同上）。在委

---

① 相对于制宪权（potere costituente, constituent power）是制定宪法的权力，宪制权（potere costituito, constituted power）则是由宪法所规范和授予的权力，亦可译为宪法权力或宪定权力。

任独裁中,宪法的适用可以被悬置,"其效力却不因此中断,因为这个悬置只不过意味着一个具体的例外"(同上书,p.137)。在理论层次上,委任独裁因此可以完全被涵摄在以下区分中:规范与操控规范之实现的技术-实作规则。

主权独裁的情况则有所不同。它并不仅限于"依据宪法所提供的,因此本身是合宪的权利"来悬置现行的宪法,而是朝向创造出一个使得新宪法得以实施的事态。在这种情况下,让例外状态可以定锚于法秩序中的操作符码则是制宪权与宪制权的区分。即便如此,制宪权并非"一个单纯的力量问题",而是"一种权力,即便它无法通过宪法加以制定,却仍以某种像是奠基性的权力而与所有现行有效的宪法产生关联……一种即使在现行宪法否定它的情况下,也无法被否定的关联性"(同上)。虽然它在法律上是"无形的"(*formlos*),却代表着某种写在每一个决定性政治行动中的"最低限度的宪法"(同上书,p.145),因此得以确保在主权独裁中也同样存在例外状态与法秩序之间的关系。

在此我们可以清楚地看到,为何施米特可以在前言中提出"委任独裁与主权独裁的首要区分"作为"本书的重要成果",从而使得独裁的概念"终于可以成为法学论述的对象"(同上书,p. XVIII)。这里浮现在施米特眼前的,乃是他不遗余力地谴责的两种独裁之间的"混淆"与"结合"(同上书,p.215)。然而,无论是无产阶级专政(la dittatura del proletariato)的列宁理论与实践,还是魏玛共和对于例外状态日渐加剧的运用,其实都不再是委任独裁的古老样貌,而是某种崭新且更加极端的事物。它迫使法律-政治秩序的稳固性本身成为问题,而它与法律间的关系则正是施米特不惜一切代价都得要挽救的。

相对于此，在《政治神学》中将例外状态写入法秩序之中的操作符码，则是两个基本法律元素——规范(*Norm*)与决定(*Entscheidung*, *Dezision*)——之间的区分，而此一区分在1912年的《法律与判决》(*Gesetz und Urteil*)中就已经被提出。通过规范的悬置，例外状态"以绝对的纯粹性揭示(*offenbart*)了一个法律特有的形式元素：决定"(Schmitt, 1922, p.19)。规范与决定这两个元素因此彰显出彼此的自主性。"正如在一般情况下，决定的自主时刻可被压缩到最低限度，于是在例外情况中，规范便被取消(*vernichtet*)了。然而例外情况仍然可被法学认识，因为规范与决定这两种元素都仍然处于法学的领域中(*im Rahmen des Juristischen*)。"(同上)

至此我们终于恍然大悟，为何例外状态理论在《政治神学》中可以被展现为一个主权学说。主权者，作为能够决定例外状态的人，保证了例外状态得以定锚于法秩序之中。然而，正因为这个决定在此关乎的是规范本身的取消；也就是说，正因为例外状态所代表的是对于一个既非外在亦非内在的空间的纳入和捕捉（而这个空间正对应于被取消与悬置的规范），因此"主权者虽立于正常情况下有效的法秩序之外(*steht ausserhalb*)，但依然属于(*gehört*)这个法秩序，因为正是由他来负责决定宪法是否可以被**整个**(*in toto*)悬置"（同上书，p.13)。

在外却仍属之：这就是例外状态的拓扑结构。并且，正是因为决定例外状态的主权者的存在本身，其实在逻辑上乃是由这个结构所定义的，所以他也就同样可以通过这样的矛盾修辞(ossimoro)加以定义：**出窍-内属**(*estasi-appartenenza*)。

א 我们应该从这个将例外状态写入法律之复杂策略的角度

来看待《独裁》与《政治神学》的关系。一般而言,法学家与政治哲学家主要都将注意力放在1922年这本书中的主权理论,而未留意到这个理论的意义其实完全奠基于他在《独裁》中已经进行阐释的例外状态理论。如我们所见,施米特主权概念的位阶与吊诡实衍生自例外状态,而非反之。他先在1921年的书和先前的文章中定义了关于例外状态的理论与实践,随后才在《政治神学》中定义他的主权理论,此事绝非巧合。这无疑代表他企图将例外状态毫无保留地定锚于法秩序之中。然而,如果不是先以独裁的术语学和概念性来表述例外状态,这样的企图是不可能实现的。也就是说,首先通过援引罗马的行政官制,再通过法规范与(法)实现规范的区分而将例外状态"法制化"。

2.2 在施米特例外状态学说的演进中,所凭借的乃是在法律体制中建立一系列的中断与区分。这些区分的两端无法彼此化约,但借由它们之间的接合与对立,法律机器才得以顺利运转起来。

首先是法规范与实现法的规范之间的对立,也就是规范与其具体适用之间的对立。委任独裁显示,适用的时刻相对于规范本身而言具有自主性,而规范"可以被悬置,却不因此中断其效力"(Schmitt, 1921, p.137)。换言之,委任独裁代表着一种法律状态,其中法律虽不适用,但依然有效。主权独裁则正好相反,其中旧的宪法不再存在,而新的宪法则在制宪权之"最低限度"的形式中呈现。因此主权独裁代表着另一种法律状态,其中法律虽然适用,但在形式上却尚未正式生效。

现在让我们将目光转向规范与决定之间的对立。施米特揭示出这两者之间无法相互化约,而这意味着,想要完全从规范的内容中导出一个决定却不留任何判断余地(restlos)是不可能的(Schmitt, 1922, p.11)。至于在关于例外状态的决定中,规范则被悬置,甚至被取消了。然而,再一次,这个悬置所关乎的依然是创造出使得规范适用成为可能的情境("必须创造出一个情境,在其中法规范得以产生效力[gelten]"[同上书, p.19])。换言之,例外状态将规范从它的适用中分离出来,以便让其适用成为可能。它在法律当中引入了一个无法地带,为的是让真实世界可以被有效地规范这件事成为可能。

因此我们可以将施米特学说中的例外状态定义为一个场所,其中规范与其实现间的对立达到了最高强度。这是一个法律的张力场域,其中最低的形式效力与最高的现实适用同时发生,反之亦然。然而,正是在这个极端地带中,甚至可以说正是通过它,法的两个元素才显示出了它们之间亲密的凝聚力。

ℵ 语言与法律间的结构性类比在这里十分具有启发性。如同语言元素持存在于**语言**(langue)中而不具有任何的现实指涉(denotazione reale)(它只有在实际发生的言说[discorso]中才会获得现实指涉),因此在例外状态中,有效的规范也没有任何的现实指涉。但也正如唯有预设某种像是语言的事物,具体的语言活动才有办法被理解,因此同样的,正是通过在例外状态中悬置了规范的适用,规范才得以指涉正常的情境。

因此我们可以一般性地说,不只语言和法律,而是所有的社会制度都是经由这样的过程所形成的,也就是在具体实践对于现实的直接指涉中,对其进行去语义化(desemantizzazione)和悬置。

如同文法，经由产生一种没有指涉的话语（parlare），从言说中析离出某种像是语言的事物；也如同法律，通过悬置个人的具体使用与习惯，才得以析离出某种像是规范的东西；因此在所有领域中，文明化的漫长工作乃是借由这样的过程展开的：将人的实践从其具体践行中分离出来，以此创造出由列维－斯特劳斯（Lévi-Strauss）首先认识到的、意义（significazione）超乎指涉（denotazione）之外的盈余。就此而言，盈余符征（significante eccedente）这个在 20 世纪人文科学中的主导概念，正好与例外状态——其中规范有效，但不适用——相互对应。①

2.3 1989 年，雅克·德里达（Jacques Derrida）在纽约的卡多索法学院（Cardozo School of Law）发表了一场以"法律效力：权威的神秘基础"（*Force de loi: le fondement mystique de l'autorité*）为题的演讲。这场演讲其实是关于本雅明的论文"暴力批判论"的解读，并且无论是在哲学界还是法学界都引发了广泛的论辩。然而，有件事却不仅意味着哲学素养与法学素养已然分道扬镳，也意味着后者的衰落——没有任何人尝试分析那乍看之下谜一般的作为讲稿标题的习用语。

"法律效力"（forza di legge）这个词组背负着一段漫长的罗马法与中世纪法的传统：其中它具有效能（efficacia）、拘束的能力

---

① 上述的语言观主要源自于索绪尔（Saussure）所创立的结构主义语言学，而列维-斯特劳斯则进一步发展出一种不具特定意义和现实指涉的符征概念，例如用来指涉具有魔力之神秘物质的"马那"（mana，详见 3.6）。而"盈余符征"在英语世界多被称为"流动符征"（floating signifier）。

(capacità di obbligare)的一般意义(至少从查士丁尼[Justinian]的《法学汇编》[*De legibus*]第一编第三章"论法律"开始:"**法的能力如下:诫命**、**禁止**、**允许**、**惩罚**"①)。然而只有到了现代,在法国大革命的脉络中,它才开始指涉代表人民之议会所颁布的国家法令(atti statuali)的最高价值。在1791年的宪法第六条中,**法律效力**(*force de loi*)因此意指法律的不可侵犯性,甚至连君王也不得加以废除或修改。在这个意义上,现代学说区分了法律的**效能**(*efficacia della legge*)与**法律效力**(*forza di legge*):前者是以一种绝对的模式为立法机关所制定的一切有效法令所共有,并由法律效果的产生所构成;相对于此,后者则是一个相对性的概念,意味着法律(或相当于它的法令)相对于法体制中的其他法令的位阶(posizione):其中有的具有高于法律的效力(forza)(例如宪法),有的则低于法律(如行政机关所发布的命令和规则)(Quadri,1979,p.10)。

然而关键在于,无论是在现代还是古代学说中,"法律效力"这个词组在技术意义上所指的都不是法律,而是行政权在某些情况下——特别是在例外状态中——获得授权所发布的那些命令(正如人们常说的,这些命令"具有法律效力")。"法律效力"这个概念,作为一个法律专业术语,定义了规范的**拘束力**(*vis obligandi*)或可适用性(applicabilità)与它的形式本质的分离,从而那些形式上并非法律的命令、办法与措施仍然借此获得了"效力"。因此当罗马的元首(principe)②开始获得颁布法令的权力,

---

① 原文为:*legis virtus haec est*:*imperare*,*vetare*,*permittere*,*punire*。
② 关于罗马帝国初期元首制(principate)的进一步讨论请见6.6—6.7。

而这些法令愈来愈被视为与法律相当时,罗马学说便认为这些法令具有"法律效力"(vigore di legge)(对此可参考犹比安[Ulpian]在《法学汇编》中的引述:"**元首所欲者即具法律效力。**"①此外,尽管强调的是法律与元首宪法之间的形式区分,类似的说法亦可见盖乌斯[Gaius]所写的"**让它取代法律**"[legis vicem obtineat],以及庞波尼乌斯[Pomponius]的"**将它用作法律**"[pro lege servatur])。

在我们对于例外状态的探讨中,已经遇过无数次这种行政权颁布的法令与立法权颁布的法令之间相互混淆的例子,而如我们所见,这种混淆甚至构成了例外状态的一个基本特征(其极限案例当属纳粹政权,一如艾希曼[Eichmann]不厌其烦地反复说道,"领袖的话具有**法律效力**[Gesetzeskraft]")。然而,从法律技术的观点来说,例外状态的特殊成就与其说是权力之间的混淆(这点已被过度强调),毋宁说是从法律之中析离出"法律效力"。例外状态界定了一种"法律状态",其中一方面,法律有效(vige)但不适用(其不具"效力"[forza]);另一方面,没有法律价值/地位(valore di legge)的法令却从中获得了"效力"(forza)。也就是说,在极端状况下,"法律效力"就像是一个流动的不确定元素,既可被国家权威主张(作为委任独裁而行动),也可被革命组织主张(作为主权独裁而行动)。例外状态因此成为一个无法空间,而在其中作为对抗赌注的,乃是一个没有法律的法律效力(因此应该写作~~法律~~效力[forza-di-~~legge~~])。这样的一种"~~法律~~效力",其中力

---

① 原文为:*quod principi placuit legis habet vigorem*(*Digests*, 1.4.1)。

量(potenza)与法令(atto)被彻底分离①,的确就像是某种神秘元素,或更像是一种**拟制/虚构**(*fictio*),借此法律试图并吞无法(anomia)本身。然而,如何思考这样的一种"神秘"元素,而它又是通过何种方式在例外状态中运作的,正是我们接下来必须尝试厘清的问题。

2.4 适用(applicazione)的概念无疑是法律理论中最富争议的范畴之一,而且其实也不仅限于法律理论。这个问题因为参照康德的判断力理论而误入歧途:其中判断力被理解为一种将特殊纳入一般之中的思考能力。规范的适用因此成为一种规定判断(giudizio determinante)的案例,其中一般(规则)被给定,要处理的是如何将特殊个案涵摄(sussumere)于一般之中(相反,在反思判断[giudizio riflettente]中,则是特殊被给定,而要处理的是一般规则的找寻)。尽管康德其实完全了解问题的棘手性,以及在具体个案中在两种判断类型之间抉择的困难(这可以从他关于范例[esempio]的学说中得到证明:范例是一个规则的个案,但却无法从中叙明该规则)②,这里的误解仍然在于将规范与个案间的关系呈现为单纯只是逻辑的操作。

再一次,在这里法律和语言之间的类比相当具有启发性:在

---

① Potenza 与 atto 的区分尚有另一层重要意涵,亦即潜能(potentiality)与行动(act)、潜在与现实的区分,而这是阿甘本发展自亚里士多德形而上学的重要概念。相关讨论详见[意]吉奥乔·阿甘本著,吴冠军译,《神圣人:至高权力与赤裸生命》(北京:中央编译出版社,2016),第67—72页。

② 原著中少了右括号。这里的右括号为译者参考英译本所加。

特殊与一般的关系中(而在法规范适用的情形更是如此),成为问题的不仅仅是逻辑的涵摄,而首先是如何从一个只具有虚拟指涉的一般命题(una proposizione generica dotata di una referenza meramente virtuale),过渡到具体指涉某个现实的片段(正是语言与世界之现实关系的问题)。这个从**语言**(langue)到**言语**(parole),或是从符号学到语义学的过渡绝非一种逻辑操作,而无论如何都蕴含着某种实践活动,也就是一个或数个说话主体对于**语言**的预设,以及对于某种班维尼斯特(Benveniste)定义为表述作用(funzione enunciativa)的复杂装置的执行(而逻辑学家则一向惯于低估其重要性)。对于法规范而言,具体案件的指涉则预设了一场"审判"(processo):其中总是涉及多个主体,并且最终在判决的宣告中达到高潮。换言之,判决作为一种其对于现实的操作性指涉乃是由制度性权力加以保障的表述。

因此,对于适用问题的正确定位,必须先将它从逻辑的场域转移到实践的场域。不仅如伽达默尔(Gadamer)所指出的(1960,pp.360,395),每一个语言诠释在现实中都需要有效操作的适用(神学诠释学的传统将这一点总结为本格尔[Johann A. Bengel]所编之新约圣经的开头箴言:"**将汝完全适用于文本,将文本完全适用于汝**"①),并且,对法律而言不证自明的是——而施米特轻而易举地便将这个明证性加以理论化——规范的适用绝对不会内含于规范本身,也无法从规范本身演绎得出,否则就不需要打造出诉讼法的宏伟建筑。因此,就像在语言与世界之间一样,在规范与其适用之间也没有任何的内在关联,能够让我们从一者直接

---

① 原文为:*te totum applica ad textum, rem totam applica ad te*。

推导出另一者。

在这个意义上,例外状态打开了一个空间,适用与规范在其中展现出它们之间的分离,而一种纯粹的~~法律~~效力则实现了某个其适用被悬置的规范(以不适用的方式加以适用[applica dis-applicando])。通过这样的方式,规范与现实之间不可能的接合,以及后续正常领域的建构,正是以例外的形式进行的,也就是借由预设它们之间的关联。这意味着,要实现一个规范,最终必然要悬置它的适用,产生出一个例外。无论如何,例外状态都标示着一道阈界,其中逻辑与实践无法相互确定,而一种**不讲理**(senza *logos*)的纯粹暴力则宣称要实现一个没有任何现实指涉的表述。

第三章

悬　法

Iustitium

3.1 罗马法中有一个制度,某种程度上可被视为现代**例外状态**的原型。然而,也许正是基于这个原因,它似乎尚未得到法律史学者与公法理论家的充分重视——它就是**悬法**(iustitium)①。正因为它让我们得以在例外状态的典范形式中进行观察,因此在这里我们将以它作为一个迷你模型来尝试解开例外状态的现代理论所无法成功解决的疑难。

当元老院(senato)②获知共和陷入危机时,它就会发布"**元老**

---

① "悬法"意指"公布法令",因"古代将法令悬在门阙上公布"(https://dict.revised.moe.edu.tw/dictView.jsp? ID = 112208&da = 0&powerMode = 0, 1/26/2023浏览)。相对此,古罗马的 iustitium 则意指"法的悬置"。尽管看似含义相反,但如前所述,在阿甘本的法律思想中,法的悬置(例外状态)却正是法律从公布到施行的必要条件。因此将 iustitium 译为"悬法"或许可以带出更丰富的意涵。

② 在罗马共和政体中,元老院(senatus)、行政官员(magistratus)与人民大会(comitia)共同构成三大支柱,其中又以元老院最具影响力。元老院主要有两种权能:元老权威(auctoritas patrum)与元老咨议(senatus consultum)。前者是一种通过对于人民大会决议的批准而行使的立法权,后者则是一种通过向最高行政官员(执政官)提供咨询建议而发挥作用的决策权,一般而言执政官都会遵行。元老院的人数在相当长的一段时间中皆维持300人,其成员在共和初期是由执政官从经历丰富的行政官员中选任,后来则改由监察官(censores)选任。参考黄风编,《罗马法辞典》(北京:法律出版社,2001),第224页;朱塞佩·格罗索著,黄风译,《罗马法史》(北京:中国政法大学出版社,1994),第169—172页。

院终极咨议"(*senatus consultum ultimum*),要求执政官(consoli)①(或是他们在罗马的代位者:**摄政王**[*interrex*]或行省执政官[*proconsoli*]),以及在某些情况下也包含裁判官(pretore)和护民官(tribuni della plebe),甚至在最极端的情况下包含所有的公民,采取他们认为可以拯救国家的任何必要措施("**令其捍卫国家,看顾国家不受任何伤害**"②)。这个元老院咨议是以一个宣告发生动乱(tumultus)(基于对外战争、叛乱或内战而在罗马所引发的紧急状况)的命令为基础,而它往往进一步导致**悬法**的宣告(*iustitium edicere* 或 *indicere*)。

iustitium 这个词——它的构成方式完全如同 *solstitium*(太阳的至点)——在字面意义上便是"法的停止、悬置"。文法学家从字源上的解释是:**当法律静止不动时,就称之为** *iustitium*,**就好像(太阳在)至点**(*quando ius stat sicut solstitium dicitur*)。或是按照格利乌斯(Aulus Gellius)的说法:**仿佛就是法的间断和某种停歇**(*iuris quasi interstitio quaedam et cessatio*)。也就是说,悬法所意味的并不单纯只是司法程序的悬置,而是法律本身。这个吊诡的法律制度的意义——它完全只在于制造出一个法的空缺——乃是在此我们必须同时从公法体系和哲学-政治的角度加以

---

① 执政官(consules)是罗马共和政体的最高行政官员,享有充分的统治权(imperium),并有权召开人民大会和元老院会议。这个官职由两个人共同担任,任期一年,彼此享有相同的权利(参考黄风编,《罗马法辞典》,第70页)。

② 原文为:*rem publicam defendant, operamque dent ne quid respublica detrimenti capiat*。

考察的。

‍ℵ 关于**动乱**(*tumultus*)这个概念的定义,特别是当它关联到**战争**(*bellum*)的概念时,引发了一些有时并未掌握到重点的讨论。这两个概念之间的联结在古代文献中就已经出现,例如在《反腓力辞》(*Filippiche*, 8.1)的一个段落中,西塞罗(Cicerone)就曾经断言:"可以存在没有动乱的战争,但不存在没有战争的动乱。"毫无疑问,这个段落并非认为动乱乃是战争的一种特殊或更加强烈的形式(*qualificiertes, gesteigertes bellum*[参见 Nissen, 1877, p.78])。相反,就在这段话主张它们之间具有关联的同时,也在这两个词汇间置入了不可化约的差异。另一方面,针对李维(Livio)讨论动乱之相关段落的分析其实显示出:虽然动乱的原因可以是(但并非总是)对外战争,但这个词作为专门术语所指涉的,则是那些事件在罗马所导致的失序与骚动状态(*tumultus* 相近于 *tumor*,后者具有肿胀、发酵的意思;因此当对抗伊特鲁里亚人[Etruschi]战争失利的消息传来时,在罗马便引发了一场动乱,并且**比事情本身更加恐怖**[*maiorem quam re terrorem*, Livy. 10.4.2])。这个原因与结果之间的混淆清楚地呈现在字典的定义中:(动乱是)**任何基于危险的重大与敌人的迫近,为城邦带来巨大恐慌的突发战争**(佛塞里尼,《拉丁大辞典》[Forcellini, *Totius Latinitatis Lexicon*])①。事实上,动乱并非"突发战争",而是其在罗马造成的**巨大恐慌**(*magna trepidatio*)。因此同一个词在其他情况中也可以指涉由内部叛乱或

---

① 原文为:*bellum aliquod subitum, quod ob periculi magnitudinem hostiumque vicinitatem magnam urbi trepidationem incutiebat*。

内战所引发的失序。由此看来，唯一能让我们理解所有已证实之相关案例的可能定义，乃是在动乱中看出"一种暂时的休止（cesura），借由它，从公法的角度而言，采取例外措施的可能性才得以实现"（Nissen，1877，p.76）。**战争**与**动乱**之间的关系，就如同一方面是战争与军事戒严状态，另一方面是例外状态与政治戒严状态，这两方面之间所存在的关系。

3.2 究竟要如何在罗马宪政体制中重构某种像是例外状态的理论，一直深深困扰着古罗马的研究者。但既然如我们所见，在公法中本来就普遍欠缺这样的理论，这件事也就一点也不意外了。就此而言，蒙森（Mommsen）的态度具有重要意义。当他在他的《罗马国家法》（*Römisches Staatsrecht*）中必须面对**元老院终极咨议**和其所预设的迫切状态时，他发现最好的做法就是诉诸正当防卫权的形象（正当防卫的德文 *Notwehr*，让人想起紧急状态的德文 *Notstand*）：

> 如同在危急情况下，当共同体的保护失去作用时，每个公民都获得了正当防卫的权利，因此当共同体陷入危机而官僚体制即将失去功能时，对于国家和每一个公民本身而言，便同样存在着一种正当防卫权。尽管在某种意义上，这样的权利位于法律之外（*ausserhalb des Rechts*），但仍有必要让这个正当防卫权（*Notwehrrecht*）的本质与适用可以获得理解，至少在其容许理论说明的限度上。（Mommsen，1969，vol. 1，pp.687 以下）

在上述研究中，无论是对例外状态的法外特质的肯定，还是对于理论呈现可能性本身的质疑，都存在着某种犹豫和不一致，而这发生在像他这样一位有着一向被认为体系性犹胜历史性的学术心灵的人身上，实在令人讶异。首先，尽管他充分意识到**悬法**与终极元老院咨议之间的亲近性（同上书，pp.687—697），然而他并没有在讨论迫切状态的章节中检视悬法，而是在探讨行政官员（magistrati）①的否决权的章节中为之（同上书，pp.250 以下）。此外，虽然他注意到终极元老院咨议涉及的主要是内战（通过它，"内战被宣告"［同上书，p.693］），并且也没有忽略在这两种情况中征兵的形式有所不同（同上书，p.695），但他却似乎并未区分**动乱**和战争状态（*Kriegsrecht*）。在《国家法》的最后一册中，他将终极元老院咨议定义为"准独裁"（quasi-dittatura），且认为这个制度在格拉古（Gracchi）时期被引入宪政体制中，并进一步补充道："在共和的最后一个世纪中，元老院对于公民实施某种战争法的特权从未遭受严重的挑战。"（同上书，vol.3，p.1243）然而，这个后来将会被普劳曼（Plaumann）重新提起的"准独裁"形象，可以说是完全误入歧途：在这里不仅没有任何新的官职被

---

① Magistratus 是罗马共和中"担负公共管理职责并有权依照法律处理和裁决争议的人员"。这是一个一般性的名称，而根据统治权（imperium）的有无可进一步区分为高阶官员与低阶官员，前者包含执政官、裁判官与监察官，后者包含营造司（aediles）与基层行政官（quaestores）。参考黄风编，《罗马法辞典》，第 172 页。本书将 magistratus 译为"行政官员"或简称"官员"，而黄风则译为"执法官"。

创造出来,甚至每个公民都仿佛被赋予了某种流动而异常的**统治权**(*imperium*)①,其定义则完全超乎常态体制的语汇之外。

在对于这种例外状态的定义之中,一方面显示出蒙森的敏锐之处,另一方面却也在同一个地方揭露出他的局限。蒙森注意到这个争议性的权力全然超出官员的宪法权利,因此无法从法律-形式的观点加以检视。他如此写道:

> 如果我们先前已经提过的这件事——护民官和行省长官(governatori delle province)缺乏**统治权**,或只在名义上拥有它,让我们无法认为这个(包含在终极元老院咨议中的)呼吁只不过是单纯地号召官员们加倍努力地行使其宪法职权,那么在以下情况中,这件事就更加清楚地展现出来:当面对汉尼拔(Annibale)的进逼而发布元老院咨议后,所有已卸任的独

---

① imperium 是最高行政官员(执政官)从王政时期的国王(rex)沿袭下来的一种原初、统一的最高权力,以侍从官(lictor)肩扛的插斧束棒为其外部象征。此一权力的内涵以军事上的指挥权(commando)为基础,另外也包含了司法权与强制权(coercitio)。除了执政官之外,承继、分担其权力的独裁官与裁判官也拥有 imperium。而在"向人民申诉"(provocatio ad populum)的制度出现后,imperium 则进一步被区分为受此限制的并于承平时期在罗马城内管理治安的城内统治权(imperium domi),与不受此限制的并在罗马城外以军事指挥权为核心的军事统治权(imperium militia)。参考黄风编,《罗马法辞典》,第 124—125 页;朱塞佩·格罗索著,《罗马法史》,第 144—146 页。黄风将 imperium 译为"治权",本书则译为"统治权"。

裁官(dittatori)①、执政官与监察官(censori)全部都重新获得了**统治权**,并持续拥有到击退敌人。就如同时也包含了监察官的号召所显示的,这里涉及的并非针对曾任官职的例外延长,况且元老院也不会以这种形式下令。相反,我们根本无法从法律-形式的观点来判断这些元老院咨议:是必要性赋予了这样的权利;而作为共同体最高权威的元老院,通过例外状态(Notstand)的宣告,只不过补充了以下建议:适时组织起必要的个人防卫。(Mommsen,1969,vol. 1,pp.695—696)

蒙森在这里提到一个一般公民(privato cittadino)西庇阿·纳西卡(Scipio Nasica)的例子。当他面对执政官拒绝执行终极元老院咨议而采取行动对抗提比略·格拉古(Tiberius Gracchus)时,他高喊道:"希望国家得救的人,跟我来吧!"②随即杀了格拉古。

---

① 独裁官(dictator)是罗马共和时期的一种特殊的临时官职。当共和国因为战争或内乱而发生紧急状态时,通过元老院咨议,执政官可以任命一位独裁官来行使最高统治权(以军事指挥权为主),以达成解除危机的任务。在独裁期间,一切权力皆集于独裁官一人之手,包括执政官在内的所有官员皆须听其号令。然而独裁官的权力亦非毫无限制,其中最重要的就是六个月的固定任期,并且大部分的独裁官都会在任务完成后提前解职。参考黄风编,《罗马法辞典》,第 90 页;朱塞佩·格罗索著,《罗马法史》,第 160—161 页;William Smith, *A Dictionary of Greek and Roman Antiquities*, London: John Murray, 1875, pp.404—408。网址:https://penelope.uchicago.edu/Thayer/E/Roman/Texts/secondary/SMIGRA*/Dictator.html,2023/1/26 浏览。

② 原文为:*qui rem publicam salvam esse vult, me sequatur*!

> 这些例外状态中的领导者（Notstandsfeldherren）所拥有的**统治权**与执政官的**统治权**之间的亲近性，就像裁判官和行省执政官的**统治权**与执政官的**统治权**之间的一样……在这里所被赋予的权力乃是一个指挥官通常拥有的权力，并且无论是用来对抗包围罗马的敌人，还是反叛的公民都没有差别……不仅如此，这个指挥命令（Commando）的权威，无论如何展现，都比在**交战**（militiae）地区的迫切/紧急状态中的类似权力（Notstand-comando）更加缺乏明确规范；并且和这些权力一样，将随着危机的缓和而自动消失。（Mommsen, 1969, vol.1, pp.695 以下）

在关于这个**紧急状态指挥权**（Notstandscommando）的描述中——其中某种流动和"法外"的**统治权**仿佛被授予任何一位公民，蒙森已经尽其所能地勾勒出一个例外状态理论，然而最终却仍功亏一篑。

3.3 1877 年，史特拉斯堡（Strasbourg）大学的教授尼森（Adolph Nissen）出版了一本专书——《悬法：罗马法律史研究》（Das Iustitium. Eine Studie aus der römischen Rechtsgeschichte）。这本著作试图分析一个"至今几乎尚未被注意到的法律制度"，并基于好几个理由令人倍感兴趣。首先，尼森是第一个清楚看到一般将悬法（iustitium）理解为"司法假期"（Gerichtsferien）是完全不足的。此外，作为术语而言，在这里它也必须和其后来所具有的"公共丧礼"（lutto pubblico）的意义区别来开。举一个西塞罗在《反腓力辞》（5.12）中告诉我们的关于**悬法**的典型案例：面对安东尼（Marcus Antonius）率军兵临罗马城下时，西塞罗向元老院说了以下这段话：**我认为有必要宣告动乱状态，发布悬法，披上战甲**（saga sumere 大致意味着公民们应该要脱下长袍准备作战）。尼森毫不费力地指出，在这里将 iustitium 翻译为"司法假期"完全没有任何意义。相反，此处所涉及的是面对一个例外情况，移除法律加诸官员的行为限制（特别是由**色普洛尼亚法**［Lex Sempronia］所规定的，禁止**未经人民命令**［iniussu populi］便处死罗马公民）。对尼森而言，Stillstand des Rechts，"法的暂停与悬置"，便是既按照字面翻译，又定义了 iustitium 这个词的表述方式。**悬法**（iustitium）"悬置了法律，通过这种方式，所有的法律规定都不再起作用。没有任何罗马公民，无论是政府官员还是一般公民，还拥有权力或负有义务"（同上书，p.105）。至于这个取消法律运作的目的，尼森则毫无疑问地表示：

> 当法律不再能够履行它的最高任务，也就是保障共通福祉时，人们便应该适时地将它舍弃。就如在迫切情况下，行政官员通过元老院咨议而解除了法律的限制，因此在更极端的情况中，法律本身便被扔到一边了。相对于违反法律，当它变得有害时，它就被清除了，它就通过**悬法**而被悬置。（同上书，p.99）

也就是说，根据尼森的看法，**悬法**正回应了马基雅维利同样毫无保留地指出的迫切性。而马基雅维利在《论李维》（Discorsi）

中的建议则是"打破"体制以挽救体制,"因此,当一个共和国缺乏类似方法时,就只剩下两条路:遵守秩序而亡,或是为了不灭亡而打破秩序"(同上书,p.138)。①

通过迫切状态(*Notfall*)的视角,尼森因此得以对**元老院终极咨议**、**动乱**的宣告和**悬法**做出具有系统关联性的解释:**咨议**预设了**动乱**,而**动乱**则是**悬法**的唯一原因。它们并不属于刑法,而属于宪法的范畴,并且意味着"一种暂时的休止,借由它,从公法的角度而言,采取例外措施(*Ausnahmemaßregeln*)的可能性才得以实现"(Nissen,1877,p.76)。

א 在"元老院终极咨议"(*senatus consultum ultimum*)这个词组中,用来定义它有别于其他咨议之特殊性的词汇,无疑是形容词"**终极**"(*ultimus*),但这点似乎尚未得到研究者们应有的注意。这个词所具有的术语意义可以通过以下事实得到证明:它不仅被用来定义正当化咨议的情境(**迫切终极的元老院咨议**[*senatus consultum ultimae necessitatis*]),也被用来定义"**最后的呼唤**"(*vox ultima*)——向所有公民发出的救国呼吁("希望国家得救的人,跟我来吧")。

ultimus 源自副词 *uls*,意指"在那头"(*al di là*,相对于 *cis*,在这

---

① 值得注意的是,马基雅维利在这里所说的"类似方法",所指的正是罗马的独裁制度。因此他的意思其实是:若要摆脱国家灭亡或法制破弃的两难困境,就必须具备像是独裁这样的紧急体制。参见马基雅维利《论李维》(*Discourses on Livy*),哈维·曼斯菲尔德(Harvey C. Mansfield)和内森·塔科夫(Nathan Tarcov)译,芝加哥:芝加哥大学出版社,1996,pp.74—75。

边)。*ultimus* 字源上的意义因此是：处于绝对另一边的事物，最极端者。*ultima necessitas*（*necedo* 字源上的意思是"无法后退"）则是指一个越过它之后保护与援助就不再可能的地带。但如果我们现在问道："对于什么而言，元老院终极咨议处于这样的一种极端向度呢？"唯一可能的回答只有：法秩序，也就是在悬法中被悬置的事物。在这个意义上，元老院终极咨议与悬法标示出了罗马宪政秩序的界限。

א 密德尔（Middel）以拉丁文出版的著作（1887，其中对于现代作者以德文引用），在关于这个问题的理论性深入分析上，仍然完全停留在这一边。虽然他和尼森同样清楚地看到了**动乱**和**悬法**之间存在的紧密关联，密德尔强调的却是两者之间的形式对比：动乱是由元老院发布，而悬法则必须由官员宣告。因此他指出尼森的论点（**悬法**作为法律的整体悬置）言过其实，因为行政官员无法独力解除法律的限制。通过这种方式，他重新恢复了将 iu-stitium 理解为司法假期的古老诠释，从而错失了这个制度的意义。事实上，无论是谁在技术上有资格宣告**悬法**，可以确定的是，它总是且只有**基于元老权威**（*ex auctoritate patrum*）而被宣告，因此行政官员（或只是一般公民）乃是基于一个授权悬置法律的危机状态而采取行动的。

3.4 现在让我们试着确认尼森在书中所提出的悬法特征，同时将他的分析朝向例外状态的一般理论发展推进。

首先，正是因为**悬法**实现了整个法秩序的中止与悬置，所以不能通过独裁的典范加以解释。在罗马宪政体制中，独裁官是一种由执政官选任的特殊官员，而他极为庞大的**统治权**则由界定其目标的**库里亚法**（*lex curiata*）所授予。相反，在**悬法**中（即便是由在位的独裁官所宣告的情形），并没有创造出新的官职。事实上，现任官员在**悬法宣告**后（*iusticio indicto*）所享有的无限权力，并非来自他们被授予了独裁的**统治权**，而是来自限制其行动的法律遭到了悬置。无论蒙森还是普劳曼（Plaumann, 1913）对此都知之甚详，因此他们并不说独裁，而是说"准独裁"。然而这个"准"字不仅对于解消模糊毫无帮助，反而将这个制度的解释导向了一个显然有误的参照典范。

而这点也以完全相同的方式适用于现代的例外状态。无论是 1921 年的施米特，还是第二次世界大战后的罗西特和弗里德里希，把例外状态与独裁混在一起都构成了阻碍他们解决例外状态之难题的限制。无论前者还是后者，他们的错误都是自找的：因为若要在法律上证明例外状态的正当性，那么将它划归到盛名远播的罗马独裁传统中，铁定要比将它重新归回其罗马法中真正的，但却较为隐晦的系谱典范——**悬法**——来得容易许多。由此观之，例外状态不应依据独裁的模式被定义为权力的完备、法的完满状态（stato pleromatico），而应被定义为一种空虚状态（stato kenomatico），法的空缺与停滞。

א 在现代公法学中，一般习惯将第一次世界大战后在民主危机中诞生的极权国家定义为独裁政体。因此无论是希特勒还是墨索里尼，佛朗哥（Franco）还是斯大林（Stalin），都无差别地被呈现为独裁者。然而不管是墨索里尼还是希特勒，严格来说都不能够被定义为独裁者。墨索里尼是政府首长，合法地由国王授予这个职位，就如希特勒是帝国总理，由正当选出的帝国总统提名任命。法西斯和纳粹政体的真正特征，乃是人们所熟知的以下事实：他们让现行有效的宪法继续存在（分别为阿尔贝蒂诺宪章[Statuto albertino]和魏玛宪法），然而通过一个被准确定义为"双重国家"(Stato duale)①的典范，在合法的宪法旁并置了第二层结构——这层结构通常并未通过法律明文规定，而它之所以能够存在于合法的结构之侧，全拜例外状态之赐。因此从法律的观点而言，"独裁"一词完全不适合用来说明这样的政体，正如进一步来说，若要分析当前主导性的治理典范，民主/独裁间的僵固对立同样容易产生误导。

א 虽然施米特不是一位罗马研究者，但他仍然知道悬法作为一种例外状态的形式（"**戒严法**预设了某种**悬法**"[Schmitt, 1921, p.183]）。他极有可能是通过尼森的专著认识到这件事（尼森的名字在这本关于独裁的书中曾被引用，虽然引用的是另一个文本）。虽然和尼森共同分享着例外状态代表某种"法的空缺"的想法（尼森谈到法律的**真空**地带[vacuum giuridico]），施米特在论及**元老院终极咨议**时，却仍然偏好采取"准独裁"的说法（这表示他若非知道普劳曼在1913年出版的研究，至少也知道蒙森的《国

---

① 此概念出自Ernst Fraenkel于1941年出版的著作，其最新版本可参考Fraenkel, Ernst, E.A. Shills 和 Jens Meierhenrich, *The Dual State: A Contribution to the Theory of Dictatorship* (Oxford, 2017；在线版, Oxford Academic, 2017年6月22日), https://doi.org/10.1093/acprof:oso/9780198716204.001.0001, 2023/11/26浏览。

家法》)。

3.5 这个突然降临重叠于城邦空间的无法空间是如此的独特，使得不只是现代的研究者迷失了方向，就连古代文献学者亦然。因此当李维描述**悬法**所创造出的情境时，他指出作为罗马最高行政官员的执政官被 *in privato abditi*，贬为一般公民的地位（Liv., 1,9,7）。西塞罗则在论及西庇阿·纳西卡的姿态时写道：他虽然只是一般公民，但在杀死提比略·格拉古的那一刻，他的行动却"**仿佛一位执政官**"（*privatus ut si consul esset* [Tusc., 4, 23, 51]）。悬法似乎重新让公共空间的基础本身成为问题；然而，反过来说，私人空间的根基也同样被直接取消。这个私与公、**市民法**（*ius civile*）与**统治权**，甚至在临界点上，法律与非法律的吊诡重合，正暴露出了关于一个根本问题的思考的困难或不可能：在**悬法**期间所为之行动的本质。何谓一个完全源自法的空缺的人类实践？仿佛当面对前方打开了一个对于人的行动而言全然无法的空间时，无论是古人还是今人都在惊慌之中退避三舍。对此蒙森和尼森也无法幸免（即使尼森完全肯认**悬法**具有法律的**死亡时刻**[*tempus mortuum*]的特征），因此前者仍然抱持一种无法再进一步阐明的**紧急状态指挥权**（*Notstandscommando*），后者则抱持着一种"**无限命令**"（*Befehl* [Nissen, 1877, p.105]），并相应于一种同样无限的服从。然而，这样的一种指挥/命令究竟如何能够在欠缺任何法律规定与决定的情况下继续存在呢？

我们也应该从这个角度来看待另一种不可能性（同样古今文献皆然），那就是明确定义那些在**悬法**期间出于拯救**国家**（*res publica*）之目的所为的行动的法律后果。这个问题具有特殊的重要性，因为它关系到杀害一个**未被定罪**（*indemnatus*）的罗马公民是否可罚。西塞罗在谈到欧皮米乌斯（Opimius）对于盖约·格拉古（Caius Gracchus）之追随者的杀戮时，就已将为了执行**元老院终极咨议**而杀害罗马公民的人是否可以加以处罚的问题界定为一个"永无止境的问题"（*infinita quaestio*［De Oratore，2—3，134］）。另一方面，尼森则不认为一旦**悬法**终止后，无论是执行元老院咨议的官员还是追随他的一般公民可以被处罚。然而实际的情形却正好相反：欧皮米乌斯最终还是遭到起诉（虽然后来被免除刑责），西塞罗则因为对喀提林（Catilina）谋反的血腥镇压而被判流放。

事实上，这整个提问方式都很糟糕。如果想厘清这个难题，其实唯有如此设想：正因为**悬法**期间的所作所为是在一个法的空缺中产生的，所以从根本上就被排除于一切的法律决定之外。从法的观点而言，我们可以将人的行为区分为立法、执法与违法行为。然而所有的证据都显示，官员或一般公民在**悬法**期间的行为既非执行，亦非违反某个法律，更非制定法律。所有的研究都一致同意以下事实：**元老院终极咨议**完全没有任何正面内容——它仅限于通过一个极为空泛的习用语表达其建议（"**请执政官视情况而定**［*videant consules*］……"），从而让官员或为他行动的人享有依其所信而行动的完全自由，甚至极端而言，也可以完全不行动。因此，如果我们无论如何都想赋予这个在无法的情况下所为的人类行动一个名称的话，我们或许可以说，在**悬法**期间行动的人既非执行，亦非违反法律，而是**不执行**（*inesegue*）法律。在这个意义上，他们的行动只是单纯的事实，而对于这些行动的评价，当**悬法**一旦终止时，则将视情况而定。但只要仍处于**悬法**期间，这些行动就绝对无法被决定,至于其本质的界定——执法还是违法,甚至极端而言,是人性、兽性还是神性的——则脱离了法的领域。

3.6 现在让我们尝试以论点的形式,综整摘要我们对于**悬法**的系谱学考察结果。

(1)例外状态不是独裁(无论是宪政独裁还是非宪政独裁,委任独裁还是主权独裁),而是一个欠缺法的空间,一个所有法律决定——其中首先是公与私的区分本身——都停止作用(disattivate)的无法地带。因此所有那些试图将例外状态直接联结于法律的学说都是错的;而这些理论也同样有误:无论是将迫切性视为法律的原初泉源,或是将例外状态看作是国家自卫权的行使,抑或看作是法律原初之完满状态的重新恢复("全权")。另一方面,那些试图将例外状态间接地写入法律脉络中的学说,例如施米特的学说也同样有所谬误:无论是将它奠基在法规范与实现法的规范、制宪权与宪制权,还是规范与决定的区分之上。迫切状态并非一种"法律状态",而是一个没有法律的空间(然而它也不是一种自然状态,而是呈现为由法的悬置所产生的无法状态)。

(2)这个欠缺法的空间似乎基于某种原因而对法秩序来说如此地重要,以至于它必须寻求一切手段确保和这个空间的关系。仿佛法秩序为了奠定自身,就必须维持与某种无法状态的关联性。一方面,在例外状态中所涉及的法的空缺,似乎对法而言是绝对无法思考的;另一方面,这个不可思议者对法秩序而言却又具有某种决定性的策略关联,正因此,无论付出任何代价都不能让它逃脱。

(3) 其中一个跟法的悬置相关的关键问题，是关于**悬法**期间所为之行动的问题，而这些行动的本质似乎脱离了一切法律定义。因为它们并非违法、执法或立法，对于法律而言，这些行动似乎便处在一个绝对的无处/无据之处（non-luogo）①之中。

(4) 正是为了回应这个无法定义性和这个无处之处，才产生了法律效力的想法。仿佛法律的悬置释放出了某种力量或神秘元素，某种法律"马那"②（mana，这个说法被瓦根弗尔特用来定义罗马的**权威**[auctoritas]概念[Wagenvoort, 1947, p.106]），而对此无论是掌权者或其对手、宪制权力或制宪权力，都试图将它占为己有。与法律分离的法律效力、流动的**统治权**、有效但不适用，或是更一般性地某种法的"零度"的想法，全都是某种虚构，而法律则试图借由它们来纳入自身的不在场，进而夺取例外状态，或至少确保自己与它的关系。这些范畴就像是19世纪到20世纪的人类学与宗教研究中的"**马那**"或"**神圣**"（sacer）概念，其实乃是某种反复出现的科学神话主题（mitologemi scientifici），然而，这并不意

---

① Non luogo a procedere 意指免于起诉。
② 马那（mana）："波利尼西亚人和美拉尼西亚人（Polynesian and Melanesian peoples）信仰的一种超自然力量，可以为人、神灵或无生命的物体所拥有。马那可以是善良的、有益的，也可以是邪恶的、危险的，但并非无人格的（impersonal）；这个词的使用总是与强大的存在或事物有关。这个词最初使用于19世纪的西方，并与宗教相关，现在则被视为一种象征，用来表达阶级社会中有地位的人所具有的特殊质量，对于他们的行为提供制裁的手段，以及解释他们失败的原因。"（马那，引自《大英简明百科中英对照知识库》，网址：http://140.112.113.3/ebintra/concise/content.aspx? id = 15684&hash = UHOHVPmH60ol8GMyYdsj7g%3d%3d，2023/1/31 浏览；中译略改）

味着分析它们在法律环绕着无法状态所发动的漫长战争中所发挥的作用是不可能的,或是没有用的。事实上,很可能这些范畴所关乎者,一点都不亚于施米特以"政治性"(il politico)加以界定的事物。① 一个理论的基本任务因此不仅在于厘清例外状态是否具有法的本质,更在于界定它与法之关系的意义、所在之处与各种模式。

---

① 施米特在《政治的概念》(*Der Begriff des Politischen*, 1932)中将"政治性"定义为:做出对于政治共同体而言,谁是敌人,谁是朋友的决断。

第四章

环绕着一个空缺的巨人之战

Gigantomachia intorno a un vuoto

4.1 正是从这样的观点出发,我们现在将要开始阅读瓦尔特·本雅明与卡尔·施米特之间关于例外状态的论辩。这场从 1925 年到 1956 年之间以不同方式与强度所展开的论辩,相关的公开档案并不多:包含本雅明在《德意志哀悼剧的起源》中对《政治神学》的引用、1928 年的**履历**以及他在 1930 年写给施米特的信。这封信因见证了他对于这位"法西斯公法学家"的兴趣和推崇(Tiedemann, in Benjamin, *Gesammelte Schriften*, vol. 1.3, p.886)而一向被视为一桩丑闻。此外还有施米特在《哈姆雷特或赫库芭》(*Amleto ed Ecuba*)一书中对本雅明的引用与参照,但此时这位犹太哲学家已经过世 16 年了。这份档案在施米特 1973 年写给汉斯约格·维索(Hansijörg Viesel)的信在 1988 年出版后得到进一步的扩充,信中施米特声称他 1938 年关于霍布斯(Hobbes)的著作是怀着"尚未被注意到的……对于本雅明的回应"的构想而写的(Viesel, 1988, p.14;参见布瑞德坎普 [Bredekamp] 的评论 [1998, p.193])。

然而,尚未进入众人视野的档案其实更多,并仍有待挖掘其中蕴含的完整意义。事实上,我们将试图呈现,应该被放入这个档案中的第一份并不是本雅明对《政治神学》的阅读,而是施米特对本雅明的论文《暴力批判论》(*Per la critica della violenza*, 1921)的阅读。这篇文章发表在《社会科学与社会政治档案》("Archiv für Sozialwissenschaften und Sozialpolitik")第 47 期,一个由当时仍在海德堡大学任教的埃米尔·莱德勒(Emil Lederer)担任共同主编的期刊(他后来去了纽约的社会研究新学院[New School for Social Research]),而他是本雅明这段时间密切交往的人之一。同时我们可以看到,不只从1924年到1927年这期间,施米特在《档案》上发表了多篇学术论文与其他文章(其中包含《政治的概念》[Il concetto del politico]的第一版),通过仔细检阅他的著作脚注和参考文献可以发现,自从1915年起,施米特就是这份刊物的固定读者(在他的全部引用中,包含了刊登本雅明论文那期的前一期与后一期)。作为一位《档案》的长期读者与投稿者,施米特很难不注意到一篇像是《暴力批判论》这样的文本,尤其是将如我们所见,这篇文章触及对他而言极为重要的问题。本雅明对施米特主权学说的兴趣一向被视为丑闻(陶卜斯[Taubes]有一次曾将本雅明1930年写给施米特的信认定为"一颗足以粉碎一般对于魏玛思想史描述的地雷"[Taubes, 1987, p.27])。通过翻转这桩丑闻,我们将试图把施米特的主权理论解读为对本雅明之暴力批判的回应。

4.2　本雅明这篇论文的目标在于确保一种绝对"外在"(außerhalb)与"超越"(jenseits)法律的暴力(violenza)的可能性(德文 Gewalt 同样也可以单纯指"力量"[potere])。这种暴力将能够打断制定法律的暴力和维护法律的暴力(rechtsetzende und rechtserhaltende Gewalt)之间的辩证。本雅明将这种另类暴力的形象称为"纯粹"暴力(reine Gewalt)或是"神"的暴力(violenza divina),而在人的场域则是"革命"暴力。那对法律而言,无论如何都无法容忍的并让它感到不可妥协之威胁的,就是这么一种外于法律的暴力的存在。但这并非因为这样的一种暴力的目的与法律无法兼容,而是"基于它外于法律存在的单纯事实"(Benjamin, 1921, p.183)。本雅明的批判任务就在于证明这种暴力的存在现实(Bestand):"如果对于这个暴力而言,某种同样超越法律的存在现实可以得到确保,那么革命暴力的可能性也就得到了证明,而革命暴力正是被赋予人的纯粹暴力的最高展现。"(同上书,p.202)这种暴力的特征在于它既不制定,也不维护法律,而是废除法律(Entsetzung des Rechtes[同上]),进而打开一个崭新的历史时代。

在这篇论文中,本雅明并没有提到例外状态,即便他使用了**紧急状况**(Ernstfall)这个词,而这个词在施米特那里乃是**例外状态**(Ausnahmezustand)的同义词。但另一个施米特词汇中的术语则出现在这个文本中,那就是 Entscheidung,决定。关于法律,本雅明写道,"将在特定地点与时间上被确定下来的决定看作是一个形而上学范畴"(同上书,p.189)。然而,对于这样的认定,在现实中所相应的却只有"那奇特又令人沮丧的经验:一切法律问题的最终无可决定性(die seltsame und zunächst entmutigende Erfahrung von der letztlichen Unentscheidbarkeit aller Rechtsprobleme)"(同上书,p.196)。

4.3 施米特在其《政治神学》中所发展出来的主权学说,因此可以解读为对于本雅明论文的精准回应。《暴力批判论》的策略是要确保一种纯粹而无法的暴力的存在,相反,施米特的策略则在于将这样一种暴力重新导回法律的脉络之中。例外状态便是他试图捕捉本雅明关于纯粹暴力的想法的空间,并试图将无法状态(anomia)写入**法**(*nomos*)①的体制本身。根据施米特的看法，一种纯粹的,亦即绝对外于法律的暴力是不可能存在的,因为在例外状态中,这样的一种暴力正是通过将其自身排除于法律之外而被纳入法律之中。也就是说,例外状态乃是施米特用来回应本雅明对一种全然无法之人类行动的肯认的装置。

然而,这两个文本间的关系其实比上述的更加紧密。我们之前已经看到施米特如何在《政治神学》中放弃制宪权力与宪制权力的区分——而这个区分在1921年的书中奠定了主权独裁的基础,以便由决定的概念取而代之。若要掌握这个取代的策略性意涵,就必须将它理解为针对本雅明的批判的一种反制措施。本雅明的标靶——制定法律的暴力和维护法律的暴力之间的区分——事实上正逐字对应于施米特所提出的对立;而正是为了取消纯粹暴力的崭新形象——因为它竟摆脱了制宪权力和宪制权力之间的辩证,施米特才展开他关于主权理论的阐述。《政治神学》中的主权暴力,于是以一种既不制定,也不维护,而是悬置法律的权力形象,回应了本雅明论文中的纯粹暴力。正是在这个意义上,为了回应本雅明关于一切法律问题之最终无可决定性的想法,施米特才提出了主权乃是最极端之决定所在的主张。而这个决定的所在之处既非法外,亦非法内。也就是说,主权乃是一种**界限概念**(*Grenzbegriff*),是施米特试图取消纯粹暴力,确保无法状

---

① 在本书中,nomos 的译语有所不同,其原因在于阿甘本使用 nomos 一词时,多是在进行某种对照,并与对照词有字源上的关联性:在与无法/失序(anomia)对照时,nomos 译为"法秩序";在与自然(physis)对照时,nomos 译为"规范";在其他脉络中则译成一般性的"法"或"法律"。

态与法律脉络之关系的必然结果。并且，就如对本雅明而言，纯粹暴力本身无法通过决定（*Entscheidung*）加以辨识（同上书，p. 203），因此同样对施米特来说，"不可能以明确的涵摄来确认何时出现了迫切情况，而当真的涉及迫切情况及其排除时，也不可能在内容上描述将会发生什么事"（Schmitt, 1922, p.12）。然而，通过一个策略性的翻转，正是这个不可能性奠定了主权决断的必要性。

4.4 如果上述这些假设可被接受的话，那么本雅明与施米特之间的整个公开辩论就会呈现出新的光景。本雅明在《哀悼剧》（*Trauerspielbuch*）一书中对巴洛克君王／主权者（il sovrano barocco）的描述，将可被解读为对于施米特主权理论的回应。萨姆·韦伯（Sam Weber）已经敏锐指出，就在他引用施米特的主权定义时，本雅明引入了一个"细微，但决定性的调整"（Weber, 1992, p.152）。巴洛克的主权概念，本雅明写道，"其发展来自有关例外状态的讨论，并且将其排除（*den auszuschließen*）视为君王所被赋予的最重要的功能"（Benjamin, 1928, p.245）。通过以"排除"取代"决定"，本雅明就在他援引施米特定义的同时，悄悄地改变了他的定义：主权者不应该借由决定例外状态而将它以某种方式纳入法秩序中；相反，他应该将它排除，让它留在法秩序之外。

这个实质调整的意义，只有在其后的数页中通过一个真正关于"主权者之优柔寡断"（indecisione sovrana）的理论阐释才得以厘清。然而，也正是在这里，阅读与反读（controlettura）之间交织得更加紧密。如果对施米特而言，决定是结合主权与例外状态的联结点，那么本雅明则讽刺地将主权者的权力从其行使中分离开来，从而彰显出巴洛克的主权者在其构成上便处于决定的不可能中。

> 主权者的权力（*Herrschermacht*）和行使它的能力（*Herrschvermögen*）之间的对立性，在巴洛克戏剧中导向了一个奇特的特征。这个特征只有从表面上看起来才属于这种戏剧类型，并且唯有从主权理论的基础出发才得以阐明。那就是关于暴君的决断力（*Entschlußfähigkeit*）。①对于必须做出例外状态之决定的君王而言，他在第一时间所显示的，却是这个决定对他来说是多么地不可能。（同上书，p.250）

主权者的权力与其行使间的分裂，恰恰准确对应于法规范与实现法的规范之间的分裂，而后者在《独裁》②中则奠定了委任独裁的基础。针对施米特的反击——他在《政治神学》中为了回应本雅明对制宪权与宪制权之辩证的批判而引入决定的概念，本雅明则通过再次引用施米特关于规范与其实现间的区分加以回击。每一次都应该能决定例外的主权者，正好就是将法律体系切开的裂缝变得无法复合之所在：在权（*Macht*）与能（*Vermögen*）之间，在权力与其行使之间，绽开了一段间距，没有任何决定能够加以填补。

这也就是为何，通过一个进一步的挪移，例外状态的典范不

---

① 原文为 Das ist die Entschlußunfähigkeit des Tyrannen, 应译为"那就是暴君的无决断力"。

② 施米特的这一著作在中国大陆通常被译为《论专政》，收录在"经典与解释·施米特文集"丛书目录之内，尚未出版。

再是如同《政治神学》中的奇迹,而是浩劫/剧变(catastrofe)①。"对立于复兴的历史理想,它[巴洛克]面对的是剧变的观念。正是针对这个对立才构作出了例外状态的理论。"(同上书,p.246)

然而,《全集》(Gesammelte Schriften)文本中的一个不当校订却阻碍了对这个挪移的完整意义的评估。我们在本雅明的文本中读到的是:Es gibt eine barocke Eschatologie,"有一种巴洛克的终末论"。然而,编者却完全疏忽了考据上的谨慎,将它修正为:Es gibt keine...,"没有巴洛克的终末论"(同上)。但接下来的段落在逻辑和句法上则与原本的讲法是融贯的:"正因如此,[有]一种在将地上的造物交付终结(dem Ende)前,将它们聚集起来并加以提升的机制。"也就是说,巴洛克知道某种**终末**(eschaton),时间的终结。然而,本雅明随即明确指出,这个**终末**是空的:它既不知救赎,亦不知彼岸,而仍内在于此世之中。"彼岸抽空了一切而不再残留一丝尘世气息,巴洛克则从中吸取了直到当时仍然逸脱一切艺术表现的大量事物,以空出一个终极之天(cielo),以便某日能在此虚空中以剧变的暴力毁灭大地。"(同上)

正是这样一种"空白终末论"(escatologia bianca)——它并非将尘世导引到救赎的彼岸,而是将之托付给一个绝对空无的天堂——将巴洛克的例外状态展现为剧变。也正是这个空白终末论,斩断了用来定义施米特之政治神学的主权与超越性、君王与

---

① catastrofe(catastrophe)具有"戏剧(特别是指希腊悲剧)之结局"与"大灾难"的双重意涵,而在这里应该二者兼具。然而如同以下关于"终末"的讨论将会指出的,这个灾难性的结局并非绝对的否定与终结,而是某种彻底的转变。因此选择以"剧变"译之。

上帝之间的对应关系。在施米特那里,"主权者……被等同于上帝,并且他在国家中所占据的位置,正是在笛卡儿体系的世界中归属于神的位置"(Schmitt, 1922, p.260)。然而在本雅明这边,主权者则"仍然包含在上帝创造的领域中;他虽是万物之主,却仍是一个受造物"(Benjamin, 1928, p.264)。

对主权功能如此剧烈的重新定义,也就同时蕴含了例外状态的不同处境。它不再呈现为担保内与外、无法状态与法律脉络之接合的界阈,而这个接合则是通过某种悬置自身却依然有效的法律。相反,它是在无法与法之间绝对无法确定的地带,其中造物界与法秩序一起被卷入了同一场剧变之中。

4.5 在本雅明-施米特档案中的决定性档案,无疑是历史的概念的第八子题。这份档案是本雅明在过世前几个月完成的,我们在这里读到:

> 受压迫者的传统教导我们,我们所生存其中的"紧急状态"(stato di emergenza)乃是常规(regola)。我们应该要获得一个与此事实相符的历史概念。这么一来,在我们面前就会出现一项任务:创造出真实的例外状态(stato di eccezione effettivo [wirklich]),而这将会提升我们在对抗法西斯之斗争中的地位。(Benjamin, 1942, p.697)

例外状态已然成为常规,这不只是在《哀悼剧》中展现为其无可决定性的单纯极端化而已。我们在此不能忘记,无论是本雅明还是施米特，他们所面对的都是纳粹帝国（Reich nazista）这样的一个国家，其中例外状态在1933年被宣告之后就从未取消。从法律学者的角度而言，也就是从技术上而言，德国是处于主权独裁的情况，应该迈向魏玛宪法的明确废除和新宪法的建立，而施米特则在1933年至1936年的系列文章中致力于界定这部新宪法的基本特征。但施米特万万不能接受的是：例外状态与常规之间完全混同。在《独裁》中他就已经指出，如果将每一个法律秩序都看作"只不过是潜在与间歇的独裁"，就不可能得到独裁概念的正确定义（Schmitt, 1921, p. XIV）。《政治神学》虽然为了使建构正常领域成为可能而毫无保留地承认了例外的优先性，但如果在这个意义上，规则"仅自例外而生"（Schmitt, 1922, p.22），那么当例外与规则之间变得无可决定时，将会发生什么事呢？

根据施米特的观点，法秩序的运作最终奠基在一个装置，也就是例外状态上，其作用则在于通过暂时悬置规范的有效性（efficacia）使其得以适用。一旦例外成为常规，这部机器就失灵了。在这个意义上，第八子题中所提出的规范与例外间的不可决定性，着实将了施米特理论一军。主权者的决定不再能够履行《政治神学》所交付的任务。如今，规则重合于它所赖以维生之物，吞没了自身。然而，这个例外与规则的混同却正是第三帝国已然具体实现的事，对此希特勒执意于建构他的"双重国家"组织而未颁布新宪法足以为证（就此而言，施米特试图界定纳粹帝国中**领袖**[*Führer*]与人民间的新实质关系的努力则注定失败）。

我们应该从这个角度来解读在第八子题中本雅明关于真实

例外状态与**单纯**例外状态(stato di eccezione *tout court*)之间的区分。如我们所见,这个区分已经出现在施米特关于独裁的论著中。施米特是从泰奥多尔·莱纳赫(Theodor Reinach)的《论戒严状态》一书中借来这个词;然而,相对于莱纳赫在 1811 年 12 月 24 日的拿破仑命令脉络中将**真实的**(或军事的)**例外状态**(*état de siège effectif*)对立于**拟制的**(或政治的)**例外状态**(*état de siège fictif*),施米特则在他对法治国努力不懈的批判中,将宣称由法律加以规范、以在某种程度上保障个人权利与自由的例外状态称为"拟制/虚构的"(fittizio)。因此他强烈抨击魏玛法学家们无法区辨帝国总统依据四十八条所采取的单纯事实行动,与通过法律加以规范的程序之间的差别。

在这里,本雅明则再一次地重构这个对立,并将它转过来瞄准施米特。当拟制/虚构例外状态的一切可能性——原本在其中例外和正常情况还能在时间和空间上加以区分——都破灭时,如今"我们生存其中"的例外状态就是真实的,而例外与规则之间绝对无法决定。所有在暴力与法律之间建立联结的拟制在这里都消失了:只有一个无法地带,其中运作着一种不再具有法律外观的暴力。国家权力试图通过例外状态并吞无法状态的企图被本雅明揭穿了真面目:一个极致的**法律拟制**(*fictio iuris*),一种宣称在法律本身的悬置中继续维持法律的**法律**效力。如今取而代之的则是内战与革命暴力,亦即,一种废除一切与法律之关系的人类行动。

4.6 现在我们终于可以更清楚地界定在本雅明与施米特的例外状态论战中的赌注。争议发生在同一个无法地带:对一方而言,这个地带必须不计代价地维持与法律的关系;对另一方而言,则同样必须持续不懈地将这个关系松绑和解放。换言之,在这个无法地带中成为争议的乃是暴力与法律间的关系——最终而言,便是暴力作为人类行动之密码的地位。面对施米特每一次都试图将暴力重新写入法律脉络中的姿态,本雅明的回应则是每一次都试图确保它——作为纯粹暴力——具有外于法律的存在。

基于我们将会试图阐明的理由,这场关于无法状态的斗争对西方政治的决定性似乎丝毫不亚于那场 gigantomachia peri tes ousias,也就是界定西方形而上学的"关于存有的巨人之战"。相对于纯粹存有(essere puro),相对于作为形而上学之终极赌注的纯粹存在(pura esistenza),在这里则是作为政治之极端对象的纯粹暴力,某种政治之"物"(cosa)。而相对于企图将纯粹存有捉进**逻各斯**(logos)之网的存有论-神学-逻辑学策略(strategia ontoteo-logica)的,则必须确保无法暴力与法律之关系的例外策略。

换句话说,这里所发生的一切仿佛都在说明:无论是法律还是**逻各斯**都需要一个悬置的无法(或无逻各斯/无逻辑[alogica])地带,才得以奠定它们对于生活世界的指涉。法律似乎唯有通过对于无法的捕捉才得以持存,正如语言唯有借由掌握非语言才得以存续。在这两者中,冲突似乎都环绕着一个空无的空间展开:一方面是无法状态、法的**真空**(vacuum),另一方面则是纯粹存有,缺乏一切规定和真实表述。对法而言,这个空无的空间便是作为其构成向度的例外状态。规范与现实的关系涉及规范的悬置,正如在存有论中,语言与世界的关系涉及以**语言**(langue)的形式对指涉的悬置。然而,对法秩序而言同样重要的是,在这个地带——其中存在着与规范无关的人类行动——重叠着一种极端和幽灵般的法律形象,其中法律分裂为一种不适用的纯粹有效性(pura vigenza)(所谓的法律形式[forma-di-legge])和一种无效的纯粹适用,也就是~~法律~~效力(forza-di-~~legge~~)。

倘若以上所言不虚,那么例外状态的结构将比我们目前为止所见到的更为复杂,并且在例外状态中斗争,同时也为例外状态而斗争的双方立场,将交织得更加紧密。正如在一场竞赛中,参赛双方中一方的胜利对于比赛而言,并非某种有待恢复的原初状态,而仅仅是比赛的赌注;也就是说,并非先于比赛而存在,而是来自其结果。因此,纯粹暴力,作为本雅明对一种既不制定亦不维护法律的人类行动所赋予的名称,并不是某种人类行为的原初形象,在某个点上才被捕捉登录于法秩序中(就如对会说话的人类而言,并不存在一个先于语言的现实,而后才在某个点上坠入语言中)。它(纯粹暴力)只是关于例外状态的斗争赌注:它来自这场斗争的结果,并且唯有通过这种方式,才成为法律的预-设(pre-supposto al diritto)。

4.7 更重要的是:正确地理解作为本雅明论文中之核心术语的表述,*reine Gewalt*,"纯粹暴力"的意义。"纯粹"在这里究竟意味着什么?1919年1月,也就是开始写作这篇论文的大约一年前,本雅明在一封写给恩斯特·萧恩(Ernst Schoen)的信中(在信里他重拾并开展了在一篇关于施蒂弗特[Stifter]的文章中已经阐述过的主题),详细地定义了他所理解的"纯粹性"(*Reinheit*):

> 预设在某个地方有一种仅存在于自身之中的纯粹

性,并且只需要被保存下来的想法是错误的……一个存有的纯粹性**绝非**无条件和绝对的,而总是从属于某个条件。这个条件根据纯粹性所关乎的存有为何而有所不同,但**绝不**存在于存有本身。换言之,任何一个(有限的)存有的纯粹性**绝不**取决于该存有本身……对于自然而言,那在其自身之外的纯粹性条件便是人的语言。(Benjamin,1966,pp.205 以下)

对本雅明而言,这个非实质性而是关系性的纯粹性构想是如此重要,以至于在 1931 年探讨克劳斯(Kraus)的论文中他再次写道:"在造物的起源处存在的并非纯粹性(*Reinheit*),而是纯粹化(*Reinigung*)。"(Benjamin,1931,p.365)这意味着,作为 1921 年论文探讨对象的纯粹性,并不属于暴力行动在其自身中所具有的实质特征。也就是说,纯粹暴力与神话-法律暴力之间的差异并非存在于暴力本身,而是存在于它与某种外在事物间的关系。至于什么是这个外在条件,则在文章的一开头就已被坚定指出:"暴力之批判的任务可以定义为:阐明它与法律和正义的关系。"因此,关于暴力的"纯粹性"判准,也就存在于它与法律的关系之中(而在这篇文章中,关于正义的主题其实只有在与法的目的的关系中被论及)。

本雅明的论点是:相对于神话-法律暴力总是某个目的的手段,纯粹暴力则绝非关于某个目的(无论其是否正义)的单纯手段(无论其是否正当)。因此对于暴力的批判并非基于暴力作为手段所追求的目的来评价它,而是将这个判准的找寻置于"手段本身的场域中的某个区分,而无关乎其追求的目的"(Benjamin,

1921, p.179）。

正是在这里出现了一个在文本中仅闪现一次，却足以照亮整篇文章的主题：暴力作为"纯粹媒介"（medio puro），也就是某种吊诡的"无目的的媒介性"（medialità senza fini）的形象。也就是说，作为一种手段，尽管仍然如此保持着，却被设想为独立于其所追求的目的。问题因此不再是指出正义的目的，而是"辨识出另一种类型的暴力：它显然不是对于这些目的的正当或不正当的手段，而是以另一种不同的模式，并一般性地不作为手段来指涉这些目的（*nicht als Mittel zu ihnen, vielmehr irgendwie anders, sich verhalten würde*）"（同上书，p.196）。

那么，这另一种与目的的关系模式会是什么呢？在这里，我们先前已经展开的关于纯粹性在本雅明思想中所具有之意义的考量，同样适用在"纯粹"媒介的概念上：媒介的纯粹性并非由它的某种特殊的内在属性所赋予，并借此将它与法律手段区别开来，而是来自它与法律手段的关系。如同在探讨语言的文章中一般，语言之所以是纯粹的，是因为它并非以沟通为目的的工具，而是直接沟通自身，也就是一种单纯的可沟通性（comunicabilità）；因此，只有当暴力不处在相应于某个目的的手段关系中，而是保持在与其本身的媒介性的关系中时，它才会是纯粹的。并且，正如纯粹语言并非另一种语言，并非存在于另一个有别于自然沟通语言的地方，而是通过将它如其所是地呈现出来，在自然沟通语言中展现自身；因此，同样，纯粹暴力唯有通过揭示（esposizione）并废除（deposizione）暴力与法律之间的关系，才能够证实自身的存在。而这正是本雅明随即通过一个关于暴力的主题所提示的：在愤怒之中，暴力不再是手段，而只是展现（*Manifestation*）。相对于作为制定法律之手段的暴力绝不可能废除自身与法律的关系,并因此使法律即位为权力(Macht),从而始终"紧密、必然地与法律绑在一起"(同上书,p.198);纯粹暴力则揭示并斩断法律与暴力之间的联结,因此最终得以不呈现为治理或执行的暴力(die schaltende),而是纯粹地行动与展现的暴力(die waltende)。而如果在这样的模式中,纯粹暴力与法律暴力、例外状态与革命暴力之间的牵连是如此紧密,以至于面对面坐在历史棋盘上的两位棋手,似乎总在移动着同一颗棋:一回又一回的,法律效力或纯粹手段。尽管如此,关键仍然在于无论在任何情况下,区分的判准都取决于暴力与法律之关系的解消。

4.8 我们应该从这个观点出发,进一步阅读1934年8月11日本雅明在写给肖勒姆(Scholem)的信中所主张的,"一部没有解读之钥的经典不是经典,而是生命"(Benjamin,1966,p.618),以及他在关于卡夫卡的论文中主张的,"不再实际运用而仅供研读的法律乃是通往正义之门"(Benjamin,1934,p.437)。没有钥匙的经典(摩西五书[Torah]),正是解开例外状态中之法律的密码;然而,肖勒姆在丝毫未察觉到他与施米特共享着同样论点的情况下,仍然认为它是法律,只不过有效但不适用,或适用但非有效。然而,对本雅明来说,这样的法律——或毋宁说是法律效力——不再是法律,而是生命:那在卡夫卡的小说中"生活在矗立着城堡的山丘下的村落中"的生命(同上)。最专属于卡夫卡的姿态并不在于(如肖勒姆所认为的)维持一种不再具有意义的法律,而在于展现出像这样的法律,因为在每一点上都与生命相互混同(indeterminarsi），已经不再是法律。①

相应于纯粹暴力对于神话-法律暴力的揭露，在关于卡夫卡的论文中则存在着作为某种残余的谜样法律形象，一种不再适用，仅供研读的法律。因此，当法律废除了它与暴力和权力之间的联结后，仍然存在着某种可能的法律形象；然而，这里所涉及的法律将不再有效，亦不再适用，就像那位"新来的律师"在翻阅"我们古老的法典"时所埋首研读的法律。② 抑或是当福柯（Foucault）谈到一种从一切规训和与主权的关系中解放出来的"新的权利/法律"（nuovo diritto）时，心中所想象的法律。

以这种方式在被废除之后仍然继续存活下来的法律，究竟可以具有何种意义呢？本雅明在这里遭遇到的难题，正对应于可以借由以下这些用语加以表述的问题（第一次是在原初基督教中获得有效的表述，第二次则是在马克思主义的传统中）：在法律由弥赛亚完成（compimento messianico）后，它将发生什么变化（这是保罗反对与他同时代犹太人的争议）？③ 以及，在无阶级社会中的法律将会发生何种变化（这正是维辛斯基［Vyšinskij］与帕舒卡尼斯［Pašukanis］之间的论辩）？这些问题就是本雅明通过他对于《新来的律师》的解读所试图回答的。显而易见的是，这里并不涉及

---

① 阿甘本在《圣/牲人》中对于本雅明和肖勒姆间的论辩有更详细的讨论，参见阿甘本著，吴冠军译，《神圣人》，第 74—87 页。

② 参见卡夫卡的短篇小说《新来的律师》（Der neue Advokat, 1919）。

③ 进一步的讨论可参考阿甘本著，庄振华译，《剩余的时间：〈罗马书〉评注》（新北市：台湾基督教文艺出版社，2021）。

一个永远不会达到其所应导向之目的的过渡阶段,此外,它更无关乎一种无限的解构过程(decostruzione):这样的过程借由将法律保持为某种幽灵般的生命,终究无法超克它。① 这里的关键是:那不再适用而仅供研读的法律并非正义,而只是通往它的大门。能够打开一条通往正义之路的并非法律的撤销(cancellazione),而是让它停止活动(disattivazione)与不再运作(inoperosità),也就是另一种法律的使用方式。而这正是法律效力试图阻止的:它让法律得以超越其形式上的悬置而继续运作。卡夫卡的角色们吸引我们的原因正是他们各个都在与这样一种例外状态中的幽灵法律形象周旋着,各自都试图以他独特的策略来"研读它"并解除它,和它"玩耍"。

有一天,人类将可以玩·法(giocherà col diritto),就像小孩子玩着不再使用的物品:并非为了恢复它们依据准则的使用方式,而是为了一劳永逸地从中解放。这就是人们将在法律之后所发现的:不是某种在法律之前更加专属和原初的使用价值,而是一种新的用法,而它只能够诞生于法律之后。同样,已经与法相互沾染的使用(uso)本身,也必须从其固有的价值中解放出来。② 这个解放就是研读的任务,或是玩耍的任务。而这种阅读游戏便是让我们得以进入正义的通道。本雅明在身后遗留下来的一个片

---

① 阿甘本在这里显然不同意德里达在《法律效力:权威的神秘基础》中的观点。

② 这个关于"用"的主题可进一步参考阿甘本著,邱捷译,《至高的清贫》(桂林:广西师范大学出版社,2023);以及阿甘本著, *The Use of Bodies*, 亚当·科茨科(Adam Kotsko)译,旧金山:斯坦福大学出版社,2016。

段中,将这样的正义定义为:一种世界的状态,其中世界呈现为某种绝对无法被据为己有(inappropriabile)和法律化的用益/善(bene[Benjamin,1992,p.41])。

第五章

庆典、丧礼、失序

Festa, lutto, anomia

5.1 古罗马研究者和法史学家至今仍未能找到一个令人满意的解释来说明一个独特的语义演化:那就是 *iustitium*① 这个专门用来指称例外状态的术语,究竟如何取得了另一个含义,用来指涉因为君王(sovrano)或其近亲之死所举行的公共丧礼/国祭(lutto pubblico)。事实上,随着共和的终结,作为对抗动乱而悬置法律的 *iustitium* 就不再存在了,而新的含义竟如此完美地取代了旧的,甚至连对这个简约严苛的制度记忆仿佛都已全然消失。公元 4 世纪末,文字学家查里西乌斯(Charisius)因此得以单纯地将 *iustitium* 和 *luctus publicus* 等同起来。同样值得注意的是,在尼森与密德尔的专著引发的辩论之后,现代研究者已经完全忽略了作为例外状态的 *iustitium* 的问题,只全心专注在作为公共丧礼的 *iustitium*(因此威廉·塞斯顿[William Seston]在他关于日耳曼尼库斯[Germanicus]的葬礼研究中,得以带着嘲讽的口吻援引这个旧的含义写道,"那场辩论……颇为热烈,但很快就没人再想起了"[Seston, 1962, p.155])。然而,究竟是通过什么样的方式,一个原本指涉在最极端迫切的政治局势中悬置法律的公法用语,可以转而承载一个家族丧礼的殡葬仪式这种相对无关痛痒的意义呢?

---

① 作者在书中皆直接使用拉丁文 iustitium 而未翻译,译者则在第三章将其译为"悬法"。但在本章中,由于这个字具有两种意涵,因此将视脉络保留原文,或择取不同的含义进行翻译。

在 1980 年出版的一个广泛研究中,斐斯内尔(H. S. Versnel)尝试诉诸哀悼/丧礼(lutto)①的现象学与政治危机时期的类比来回答这个问题。关于前者,人类学文献已证实在差异极大的不同地区都有类似的现象;至于后者,则在该时期中社会规范与制度仿佛暂时瓦解了一般。正如在失序(anomia)②与危机时期,人们目睹社会正常结构的衰落和社会角色与功能的崩解,而其严重程度甚至可以达到受文化制约的行为与习惯完全被颠覆;因此,通过同样的方式,哀悼/守丧时期往往也具有悬置并翻转一切社会关系的特征。"谁若是将危机时期……定义为暂时由失序取代秩序、自然取代文化、**混沌**(*chaos*)取代**宇宙**(*cosmos*)、无序(anomia)取代良序(eunomia),他就同时隐含了对于哀悼/守丧期间和其展现方式的定义。"(Versnel,1980,p.583)根据斐斯内尔的看法(他在此不过只是重述了美国社会学家伯格[Berger]和拉克曼[Luckman]等人的分析),"所有社会都是面对着混沌建立起来的。每当掩盖其脆弱性的正当化机制崩解或遭受威胁时,失序恐怖一直存在的可能性就将成为现实"(同上)。

在这里,不仅 *iustitium* 从例外状态到公共丧礼的演变,是通过丧礼与失序所展现之特征间的相似性加以解释(而这显然是一种循环论证),甚至接下来对于这种相似性之最终理由的探寻,也是朝向"失序恐惧"(terrore anomico)这样一种被视为所有人类社会

---

① Lutto 同时具有"丧礼"和"哀悼"的意义。

② Anomia 在之前与法律直接相关的脉络中译为"无法"或"无法状态",而在本章关于社会学——人类学的脉络中则主要译为"失序",或在其他某些脉络下译为"无规范"。

共通特征的想法。然而,这样的概念并不适合用来考量这个现象的特殊之处,就如马堡(Marburghese)神学中的**颤畏**(*tremendum*)与**灵性体验**(*numinosum*)同样无法将我们带向关于神圣性(il divino)的正确认识。最终,它指向了心理学最幽暗的领域:

> 丧礼的全部效应(特别当涉及一个首领或国王时),以及周期性的过渡庆典中所发生的现象……全都符合失序的定义……无论在任何地方,我们都可以见到从人到非人、文化到自然(被视为其反面对造)、**宇宙**到**混沌**,以及良序到无序的暂时翻转……悲痛与彷徨的感受,以及其个人性和集体性的表达,都不只局限在某个特殊文化或特定的文化模式中。由此看来,这些乃是人性的内在特征和身为人的处境本身,并且特别表现在边缘或阈限情境(situazioni liminari)中。① 我因此倾向于同意特纳(V. W. Turner)的看法,当他谈到"违反自然/反常(unnatural)的事件,或者说反文化或反结构的事件"时所提示的:"或许弗洛伊德和荣格(Jung),以他们各自的方式,可以告诉我们更多关于如何理解阈限情境中的这

---

① 在人类学中,阈限性(liminality)是指参与者处于通过仪式(rite of passage)中间阶段的某种模糊、不确定的状态。此时参与者已经脱离他原本的社会身份/地位,但尚未取得新的身份地位。这个字源自拉丁文 līmen,本意即为门槛/阈(threshold),亦为阿甘本思想的重要概念,本书译为"阈界"(soglia)。关于阈限性的说明参考 wikipedia,网址:https://en.wikipedia.org/wiki/Liminality,1/29/2023 浏览。

些非逻辑、非理性(non-rational,但并非无理性[irrational])面向的事"(同上书,p.605)。

ℵ 这种借由欠缺批判性的心理学化约来取消 *iustitium* 的法律特性的做法,早在斐斯内尔之前,涂尔干(Durkheim)已经在他以《自杀论》(*Il suicidio*, 1897)为题的专著中,将失序的概念引入了人文科学中。通过在其他形式的自杀之外界定出"失序自杀"(suicidio anomico)的范畴,涂尔干建立起了社会对个人规制作用的减弱和自杀率的增加之间的相关性。这无异于假定(而他对此并未提供任何解释)人类在他的活动和情感中受到规制的需要:

> 人有一种特征,就是会受到某种非物理性,而是道德性的拘束,也就是社会性的拘束……然而,当一个社会遭遇剧烈震荡时,无论是来自痛苦的危机,还是有益但却太过突然的转变,它就暂时无法发挥这样的作用。由此产生了我们已经证实的自杀曲线的骤然升高……因此,失序是自杀在现代社会中的一个规律而特定的因素。(Durkheim, 1897, pp.265—270)

通过这种方式,不仅失序与悲痛之间被画上等号并被视为理所当然(然而,如我们将会看到的,民族学和民俗学文献所显示的却似乎正好相反),失序与法律和社会秩序间所可能具有的更加亲密复杂的关系,也因此被事先排除了。

5.2 同样有所不足的是塞斯顿在数年之后出版的研究结论。

当这位作者将元首(principe)①的葬礼搬上台面并戏剧化为例外状态时,他似乎考虑到了作为公共丧礼的 iustitium 所可能具有的政治意涵:

> 在皇帝的葬礼(funerali imperiali)中仍然残留着动员的记忆……通过将丧葬仪式置入某种总动员的架构中,通过暂时悬置日常事务和一般政治生活,**公共丧礼**(iustitium)的宣告试图将一个人的死亡转变成整个国家的剧变(catastrofe),一场每个人无论愿意与否都被卷入其中的大戏。(Seston,1962,pp.171 以下)

然而,这个直觉却依然没有得到进一步的发展,而对于两种 iustitium 的形式间的关联性说明,则又再次诉诸预设那仍有待解释的现象,也就是一个仿佛从头到尾都隐含在 iustitium 中的哀悼元素(同上书,p.156)。

对于公共丧礼之政治意涵的凸显必须归功于奥古斯都·佛拉斯切提(Augusto Fraschetti)。他在关于奥古斯都(Augustus)的专论中指出: iustitium 的两个面向间的关系并不在于极端情境或失序状态中所谓的哀悼特征,而在于主权者的葬礼所可能引发的动乱。佛拉斯切提在伴随着凯撒葬礼而爆发的暴力失序中发现了这个关系的起源,而这些葬礼则被饶富深意地界定为"煽动的葬礼"(Fraschetti,1990,p.57)。正如在共和时期,**悬法**(iustitium)乃是对于动乱的自然反应,"从而通过一种类似的策略——这种策

---

① 关于罗马帝国初期元首制(principate)的进一步讨论请见 6.6—6.7。

略将**奥古斯都家**(*domus Augusta*)的丧礼比拟为整个城邦的剧变,从悬法(iustitium)到公共丧礼的同化也就得到了解释……其结果是单一家族的**福**(*bona*)与**祸**(*mala*)变成了**国家**大事"(同上书,p.120)。佛拉斯切提因此信心十足地呈现出:对于奥古斯都而言,如何在一贯的策略下,自从他的外甥马塞卢斯(Marcellus)之死开始,每当家族陵寝打开时,就意味着必须宣告一次 *iustitium*。

我们当然可以将这个 *iustitium* 与公共丧礼之间的联结看成不过是国家元首将例外状态占为己有的企图,借此将它转化为他的家务事。然而两者间的关系却远比这样的看法紧密复杂许多。

让我们以苏埃托尼乌斯(Svetonio)对奥古斯都于公元 14 年 8 月 19 日在诺拉(Nola)驾崩的著名描述为例。这位年迈的元首,在友人和朝臣的簇拥下,命人拿来一面镜子,而在将自己的头发梳理好,衰垂的双颊上好妆后,他唯一关心的事似乎就是想知道,自己是否已经扮演好了这出 *mimus vitae*,他的人生大戏。然而,在这个他所坚持的戏剧隐喻之余,奥古斯都还不停固执地,甚至近乎蛮横地追问(*identidem exquirens*,而这就不只是一个政治隐喻了):*an iam de se tumultus foris fuisset*,"现在外头是否发生了和他有关的动乱"。如此一来,失序和哀悼/丧礼之间的对应关系,唯有从主权者之死和例外状态间的对应关系的角度来看才能够理解。

动乱(*tumulus*)与**悬法**(*iustitium*)之间的原初联结依旧存在着,只不过动乱现在与主权者之死同时发生,而法的悬置则被整合到丧葬仪式中。仿佛已将一切例外权力——从**永久的护民官权力**(*tribunicia potestas perpetua*)到**高等及无限的行省执政官统治权**(*imperium proconsolare maius et infinitum*)——都纳入其"威严"的人格(*augusta persona*)中的主权者,从而可谓成了一个活的**悬法**

(iustitium vivente)——直到死亡的那一刻才显露出他内在私密的无法的特征,并且睹着动乱与失序从他身上释放蔓延到整个城邦。就如尼森在一段清晰的表述中已经洞察到的(而这或许是本雅明关于例外状态已然成为常规的论点的起源):"例外措施消失了,因为它已经成为常规。"(Nissen, 1877, p.140)元首制(il principato)在宪政上的创新之处,因此可被看作是将例外状态和无法/失序(anomia)直接吸纳于主权者的人格中,而主权者则开始将自身从一切受制于法律的关系中解放,得以宣称自己"**不受法律约束**"(legibus solutus)。

5.3 这个最高权力的新形象所蕴含的内在私密的无法本质,在主权者作为"活的法律"(nomos empsukhos)的理论中清楚地呈现出来,而这个理论则在人们目睹着元首制逐步确立的同一时期,在新毕达哥拉斯学圈(ambito neopitagorico)内得到阐述。"**主权者是活的法律**"(basileus nomos empsukhos)这个说法出现在戴奥图真尼斯(Diotogenes)关于主权的论文中,其中只有一部分由斯托比亚斯(Stobeo)为我们保存下来,而这份文献对于考察现代主权理论之起源的重要性则不容小觑。然而,文献考据上经常发生的近视病却阻碍了这篇论文的现代编辑者,让他无法看见这个说法和主权者的无法特质间显而易见的逻辑关联,即便这个关联性在文本中已毫无保留地得到肯认。相关的段落(虽然部分遭受损坏,但仍前后一贯)总共分成三点表述:(1)"君王(re)是最正义的(dikaiotatos),而最正义的就是最合法的(nominotatos, il più legale)。"(2)"若无正义,则无人可称王,然而正义无法(aneu nomou dikaiosyne, senza legge)。"德拉特(Delatte)提议在 dikaiosyne

前插入一个否定词，在考据上是毫无根据的。(3)"正义的(Il giusto)便是正当的(legittimo)，而主权者(sovrano)，成为正义之因，乃是活的法律(legge vivente)。"(Delatte L., 1942, p.37)

"主权者是活的法律"的论点只能够意味着他不受法律约束，亦即法的生命在他身上与一种全然的无法状态相互重叠。戴奥图真尼斯稍后便毫不含糊地对此给予明确解释："因为君王拥有一种无须负责的权力(*arkhan anupeuthunon*)，他本身就是一部活的法律，因此他就像是人中之神。"(同上书, p.39)然而，正是因为他被等同于法律，他因此也就依然保持着与法律的关系，甚至将自身设定为法秩序的无法基础。也就是说，主权者与法律之间的等同，代表了同时宣称主权者的无法特质和他与法秩序的根本联系的首度尝试。**活的法律**因此是例外状态在法的内部与外部建立联结的原初形式，并且在这个意义上构成了现代主权理论的原型。

悬法(*iustitium*)和哀悼/丧礼间的对应在这里展现出它真正的意义。如果主权者是活的**法律**(*nomos*)；如果无法(*anomia*)与**法**(*nomos*)因此在他身上毫无残留地完全重合，那么当他死亡的那一刻，也就是当将他与法律合而为一的联结被斩断时，眼看着就要释放于整个城邦的无政府状态，就必须被仪式化而加以控制。亦即，必须将例外状态转化为公共丧礼，并将丧礼转化为**悬法**(*iustitium*)。相应于**法秩序**(*nomos*)与无法/失序(*anomia*)在主权者活生生的人身上之无可决定性的，正是例外状态与公共丧礼在城邦中的无可决定性。在采取关于紧急状态之决定这样的现代形式前，主权与例外状态的关系乃是以主权者与无法状态间的同一性的形式呈现的。主权者，只要他是活的法律，便是内在私密的无法的(intimamente *anomos*)。在这里,例外状态同样是法的生命,虽然隐秘,但更加真实。

אָ "主权者是活的法律"的论点是在伪阿契达(Pseudo-Archita)的论文《论法律与正义》(*Sulla legge e la giustizia*)中首度得到的表述,并由斯托比亚斯为我们连同戴奥图真尼斯关于主权的论文一同保存下来。无论葛鲁波(Gruppe)关于这些论文——其实是由一位亚历山德拉(alessandrino)的犹太人在我们时代的第一个世纪写就——的假设是否正确,可以确定的是,我们所要处理的乃是在柏拉图和毕达哥拉斯的范畴掩饰下尝试奠定主权概念的一整批文本。这些文本将主权构想为一方面完全摆脱法律,另一方面其本身就是正当性的泉源。在伪阿契达的文本中,这样的构想乃是通过主权者(*basileus*)与官员(*archon*)间的区分加以表述:前者是法律,后者则只能遵守它。进一步而言,法律与主权者的同一化则源自法律本身分裂成一种较高层级的"活的"法律(*nomos empsukhos*),和另一种从属于它的成文法(*gramma*):

> 我说,每一个共同体都是由archon(下令的官员)、接受命令的人,和第三种元素——法律,共同组成。就后者而言,活的法律是主权者(*ho men empsychos ho basileus*),没有生命的则是文字(*gramma*)。当法律作为首要元素时,君王合法(*legale*),官员符应(于法律),受令者自由,而整个城邦幸福。但若是产生偏离,则主权者为暴君,官员不符应于法律,共同体不幸福。(Delatte A., 1922, p.84)

通过一个复杂的策略,而这个策略与保罗对犹太**律法**的批判不无差可比拟之处(这个相近性有时甚至是逐字对应的,例如罗马书第三章第二十一节：*choris nomou dikaiosyne*[义在律法外]；戴奥图真尼斯：*aneu nomou dikaiosyne*[正义无法]；并且在伪阿契达的论文中法律被界定为"文字",*gramma*,正如在保罗的书信中),无法元素借由主权者的人格被引入**城邦**(*polis*)中,却在表面上丝毫未减损**法**(*nomos*)的首要性(确实,主权者乃是"活的法律")。

5.4 无法/失序与法秩序间的隐秘连带可以在另一种现象中彰显出来：它代表着某种与皇帝的**公共丧礼**(*iustitium*)对称,但又在某种程度上正好相反的形象。民俗学家与人类学家长期以来已经非常熟悉那些周期性的节庆(feste),例如古典世界的酒神节(Anthesterie)与农神节(Saturnali),以及中世纪与现代世界的**闹婚活动**(*charivari*)与嘉年华会(carnevale)。这些庆典都以毫无拘束的放任及对日常法律与社会阶序的悬置和翻转为重要特征。在这些节庆期间——我们可以在不同的时代与文化中发现某些相似的特征,人们装扮成动物并模仿其行为,主人服侍奴隶,男人与女人角色互换,而犯罪行为被视为合法,或至少免于处罚。换句话说,它们开启了一段无法期间,打断并暂时颠覆了社会秩序。学者们一直难以解释这些在井然有序的社会中突然爆发的全面失序,尤其是为何无论宗教还是世俗权威,对这些行为都给予相当的宽容。

相对于将这些现象的原因的解释重新导向与太阳历法相关的农耕周期(曼哈特[Mannhardt]与弗雷泽[Frazer]),或是周期性的净化功能（韦斯特马克［Westermarck］）；卡尔·穆里（Karl Meuli）以他天才般的直觉将失序庆典联结到作为某些古老法律制度特征的法律悬置状态，例如日耳曼的**失和**（*Friedlosigkeit*），或是古代英国法对于**狼人**（*vargus*）的迫害。① 在一系列的典范研究中，他显示出在中世纪关于**闹婚**和其他失序现象的描述中所详列的骚乱与暴力，如何精准复制了**失和者**（*Friedlos*）与法外之徒（bandito）被逐出社群的残酷仪式的不同阶段：他们住处的屋顶被掀开并到处被破坏，水井被下毒或撒盐。在《佛费耶传奇》（*Roman de Fauvel*）中曾经描述过这么一段前所未闻的**闹婚**（*chalivali*）搞怪剧目：

> 一个人朝着风露出屁股，
> 另一个人砸烂了屋顶，
> 一个人打破了门窗，
> 另一个人朝着井里撒盐，
> 而另一个把烂泥巴丢到脸上；
> 他们真是既恐怖又野蛮。②

---

① 阿甘本在《圣/牲人》中讨论了古日耳曼法的"失和者"（Friedlos）与古英国法的"狼人"和罗马法的"圣/牲人"（homo sacer）之间的亲近性：皆为被逐出社群的"法外之徒"，故人人可杀之而无罪。参见吉奥乔·阿甘本著，吴冠军译，《神圣人》，第146—148页。

② 原文为：Li un montret son cul au vent, / Li autre rompet un auvent, / L'un cassoit fenestres et huis, / L'autre getoit le sel ou puis, / L'un getoit le bren aus visages; / Trop estoient lès et sauvages。（参照英译本略作修订）

现在,仿佛这段描述不再只是一场天真无邪的骚动中的一幕,而一个接一个都在《巴伐利亚法》(*Lex Baiuvariorum*)或中世纪城市的刑法典中找到它们的对应和原本脉络。我们也可以同样如此看待在面具节和儿童乞讨活动中所发生的骚扰行为:孩子们以暴力惩罚那些拒绝履行赠予义务的人,而对此,万圣节只不过勉强保存了一丝残留的记忆。

闹婚是用来指称一种古老且广为流传的人民公审行为的众多名称之一:这些名称虽然在不同的地方和国家有所差异,却皆以相似但非相同的形式展现。诸如此类的形式也在周期性的面具庆典和以儿童乞讨传统为其极端分支的其他节庆中被用作仪式性的惩罚。因此,除此之外似乎没有其他的可能途径能够用来解释像**闹婚**这类的现象。更进一步的仔细分析显示,原本乍看之下的粗鲁喧闹的骚扰行为,其实乃是明确界定的传统习俗和法律形式,经由这些方式,驱逐与流放自从不复记忆的遥远年代起便被加以执行。(Meuli, 1975, p.473)

如果穆里的假设是正确的,那么失序庆典的"合法无政府状态"所参照的就不再是古老的农耕仪式(这本身什么也没解释),而是以一种谐拟的形式(forma parodica)揭露了内在于法律的无法/失序,以及紧急状态作为包含于**法秩序**(*nomos*)核心中的无法驱力。

也就是说,失序庆典指向了某个地带,其中生命对法律最高度的臣属被翻转成为自由与放任,而最不受拘束的无法/失序状态,则显示出它与法秩序之间的谐拟联结。换言之,它指向了作为无法与法之间的无差别阈界的真实例外状态。在对每一个庆典的丧礼特征和每一个丧礼的庆典特征的展示中,法与无法显现出了它们之间的距离,以及它们之间的隐秘连带。仿佛法的世界(以及更一般来说,凡是涉及法律的人类行动场域)最终都呈现为由两股既联结又对立的张力穿越的力量场域:其中一股从规范朝向无法/失序,另一股则从无法/失序导向法律与规则。由此便产生出一个双元典范,标示出法律领域所具有的深层暧昧性:一方面,有一股严格意义上的规范性趋势(tendenza normativa),致力于将自身结晶化为一套严谨的规范体系。然而,它与生命之间的联结却成为问题,若非毫无可能(某种完美的法律状态,其中一切事物都由规范加以规定)。另一方面,则有一股无规范的趋势(tendenza anomica),导向例外状态或是主权者作为活的法律的想法。而在这股趋势中,则有一种欠缺规范的法律效力,其运作纯粹只在将生命纳入法律之中。

　　失序庆典戏剧化了这个法律体系中无法化约的暧昧性,同时也展现出在这两股力量的辩证中作为赌注的,正是法律与生命的关系本身。它们欢庆并谐拟地复制了无法/失序状态,而法律之所以能借此适用于混沌与生命,唯有通过在例外状态中将自身化为生命与活泼生动的混乱。或许,更进一步尝试理解这个具有构成作用之虚构的时刻已然到来:它在联结规范与失序/无规范、法律与例外状态的同时,也一并确保了法律与生命之间的关系。

第六章

权威与权力

Auctoritas e potestas

6.1 在关于罗马例外状态的分析中，我们忽略了一个问题：什么是元老院通过**元老院终极咨议**（*senatus consultum ultimum*），以及后续颁布的**悬法**（*iustitium*），而得以悬置法律的权力基础呢？可以确定的是，无论谁是有权宣告悬法的主体，在所有的案例中，悬法都是"**基于元老的权威**"（*ex auctoritate patrum*）而宣告的。我们也都知道，在罗马用来指称元老院最专属之特权的用语，其实既不是**统治权**（*imperium*），也不是**权力**（*potestas*），而是**权威**（*auctoritas*）。因此**元老权威**（*auctoritas patrum*）乃是界定元老院在罗马宪政中所具有之特殊功能的词组。

在这个**权威**（*auctoritas*）的范畴中——特别是在它与**权力**（*potestas*）的对照中，我们发现自己正面对着某种现象，其定义无论是在法律史中，还是在更为普遍的哲学与政治理论中，都遭遇到如此难以克服的障碍与困境。"特别困难的是"，一位法国的罗马史学者在20世纪50年代初写道，"将 *auctoritas* 这个观念的不同法律面向重新带回到一个单一概念中"（Magdelain，1990，p.685）。而在同一年代的尾声，汉娜·阿伦特因此提出以下观点来展开她的论文《何谓权威？》（*Che cos'è l'autorità?*）：权威（*autorità*）已经如此彻底地"从现代世界中消失了"，以至在缺乏任何关于它"真正而毋庸置疑"的经验的情况下，"这个词本身便完全笼罩在争议与混淆之中"（Arendt，1961，p.91）。而对于这些混淆，以及其中所蕴含的暧昧性而言，或许没有比以下事实更确切的证明：阿伦特着手展开她关于权威的重新评价的时间点，正好就在阿多诺（Adorno）和弗兰柯－布伦斯维克（Else Frenkel-Brunswik）完成他们对"威权主义人格"（person-alità autoritaria）的正面攻击的短短数年之后。另一方面，在强烈抨击"自由主义将权威等同于专制暴政"之余（同上书，p.97），阿伦特或许并未意识到，她正和一位她绝对不会喜欢的作者提出同样的指控。

1931年，在一本标题具有重要意义的书《宪法的守护者》（*Der Hüter der Verfassung*）中，施米特其实已经通过**权威**（*auctoritas*）与**权力**（*potestas*）间的辩证对立来试图定义帝国总统在例外状态中的中立权力。在一段已预见阿伦特论述的文字中，他在提到无论布丹（Bodin）还是霍布斯都仍然能够体认到这个区分的重要性之后，转而怨叹道："现代国家理论已然失去了传统，从而将权威与自由对立、与民主对立，甚至到了将它与独裁相互混淆的地步。"（Schmitt, 1931, p.137）而在1928年讨论宪法的专书中，尽管尚未提出关于这个对立的定义，施米特就已经指出它对于"国家一般理论的高度重要性"，并通过参照罗马法来进一步确认其内涵："元老院拥有**权威**，而**权力**与**统治**权则来自人民。"（Schmitt, 1928, p.109）

1968年，在一篇——发表于施米特80华诞的《祝寿论文集》（*Festgabe*）——关于权威概念的研究中，西班牙学者傅祐（Jesus Fueyo）指出：**权威**（*auctoritas*）与**权力**（*potestas*）——"这两个表达了罗马人用来构想其共同体生活之原初意义的概念"（Fueyo, 1968, p.212）——在现代所遭遇的混淆，以及它们在主权概念中的交会，"乃是造成现代国家理论哲学基础薄弱的原因"。并且，他随即补充道,这个混淆"不仅仅是学术性的,同时也被记入了推动现代政治秩序形成的现实过程中"(同上书,p.213)。现在,正是这个被记入西方政治的反思与实践中的"混淆",是我们必须尝试加以理解的。

⁂ 一般都认为 auctoritas 的概念是罗马特有的,就如刻板印象会引用迪奥·卡修斯(Dio Cassius)来证明它无法被翻译成希腊文。然而,卡修斯这位罗马法顶尖专家所说的,其实并非如陈腔滥调所言的无法翻译,而是这个词无法"一劳永逸地"翻译(*hellenisai auto kathapax adynaton esti*[Dio. Cass. 55, 3])。也就是说,这意味着它每一次都必须根据文本的脉络而采取不同的语汇转化成希腊文。基于这个概念的广泛外延,这点其实相当显而易见。因此,卡修斯心中所想的并非某种罗马用语的特殊性,而是将它重新导回单一意义的困难性。①

6.2 对这个问题的界定受到以下因素的影响而变得更加

---

① 因此作者在本章中大多直接使用拉丁文 auctoritas 而未翻译。另一方面,中国学者黄风则将 auctoritas 译为"准可"(《罗马法史》,第 481 页)或"合法性保证"(《罗马法辞典》,第 36 页),进而将 auctoritas patrum 译为"元老院准可"(同前二出处)。确实,想要使用单一词汇翻译这个字将遭遇相当大的困难,但通篇保留原文在中文语境中,似乎又不是理想的做法。呼应作者试图将这个字的不同意涵统整成为一个融贯概念的理论企图,并让读者能够在不同脉络中注意到作者使用的乃是单一词汇,因此本书仍选择统一使用"权威"一词进行翻译,并适时加上引号(特别是在私法的脉络中)或附上原文提醒读者留意。

复杂:*auctoritas* 的概念涉及一组相当广泛的法律现象学,不仅与私法有关,同时也关乎公法。我们最好先从前者着手来展开分析,而后再尝试验证是否可能将这两个面向重新导回某种统一性。

在私法领域中,"**权威**"(*auctoritas*)是"**权威者**"(*auctor*)①,也就是具有**自主法权**(*sui iuris*)之人(**家父**[*pater familias*]②)的属性。他通过一个术语的表述——"**使我成为权威者**"(*auctor fio*)——介入并赋予一个行为法律上的有效性,而原本这个行为的主体并无法单凭自身就让法律行为生效。因此监护人的"**权威**"就使无行为能力人的行为发生效力,而父亲的"**权威**"则"授权"(*autorizza*)**在其权力支配下**(*in potestate*)的儿子的婚姻,亦即,使其生效。通过类似的方式,在一个**要式买卖**(*mancipatio*)中,出卖人则有义务协助买受人在对抗第三人的财产返还诉讼中证明(*convalidare*)他的所有权。

auctoritas 源自动词 *augeo*:**权威者**(*auctor*)是 *is qui auget*,扩展

---

① auctor 和 auctoritas 一样具有多重意涵。在财产关系中,黄风将其译为"原主"(auctore),亦即在权利转让中的原权利拥有者(参考彼得罗·彭梵得著,黄风译,《罗马法教科书》,北京:中国政法大学出版社,1992,第 56 页)。基于和前述 auctoritas 相同的考量,本书选择直译为"权威者"。

② 家父(pater familias)指的是罗马家庭的家长。家父不是亲属关系的术语,而是指家中的主权者,亦即不从属于他人之父权(patria potestas)的自权人(sui iuris),他可能是祖父、父亲、丈夫,等等。狭义的父权指的是对于直系卑亲属的财产与人身上的权利(包括生杀大权[ius vitae ac necis]),广义的父权则包含夫权(manus),以及对于奴隶的主人支配权(dominica potestas)。参考黄风编,《罗马法辞典》,第 197 页。

(aumenta)、增加或完善另一个人的行为或法律处境者。在《词语汇编》(*Vocabolario*)一书关于法律的章节中，班维尼斯特试图说明动词 *augeo*——这个在印欧地区明显属于表达力量的词汇——的原初意义并不只是"增长某个已经存在的事物"，而是"从自己的胸怀(seno)中产生某物，使其存在"(Benveniste 1969，vol. 2，p.148)。然而在古代法中，这两个意义其实一点也不矛盾。事实上，在希腊-罗马人的世界中，并没有**无中生有**(*ex nihilo*)的创造，而是每一个创造行为总是涉及另一个事物，无论是无形的物质还是不完整的存在，让它得以完善或增长。因此每一个创造总是共同创造，就如每一位作者(autore)总是共同作者。因此就如马格德林(Magdelain)有力指出的，"**权威**(*auctoritas*)并非自给自足：无论是授权还是同意，它都预设了一个由它所赋予效力的外在活动"(Magdelain，1990，p.685)。因此，仿佛为了让某个事物可以在法律上存在，在两个元素(或两个主体)间就必须存在某种关系：其中一个拥有"**权威**"，而另一个则主动采取严格意义上的行为。如果这两个元素或主体完全重合，那么这个行为就是完整的。但如果两者之间出现了某种瑕疵或断裂，那么就必须由"**权威**"加以补充，使得行为可以生效。然而"**权威者**"的"力量/效力"(forza)究竟是从哪里来的呢？什么又是这个**扩展**(*augere*)的权力(potere)？

相关的研究已经适切指出，**权威**(*auctoritas*)与代理(rappresentanza)毫无关系。在代理关系中，被委托人或是法定代理人所从事的行为被归属于委托人。然而，"**权威者**"的行为并非奠基于他被赋予的某种代理的法律权力(对于未成年人或无行为能力人的代理)：这个权力直接源自他作为"**父**"(*pater*)的身份。通过同样的方式，出卖人作为"**权威者**"而介入并捍卫买受人的行为，也与现代意义的担保权毫无关系。当皮埃尔·诺阿耶（Pierre Noailles）在他生命的最后几年尝试勾勒出一个 *auctoritas* 在私法中的统一理论时，他因此得以写道：权威乃是"一个人格，且最初是自然人的固有属性……它是一种属于罗马人的特权，可以在有需要的情况下作为其他人所创造的法律情境的基础"（Noailles，1948，p.274）。"就如同古代法中的一切权能（potenze）"，他接着补充道，"无论是家庭的、私人的还是公共的，**权威**同样也是按照某种单纯的单方权利模式（il modello unilaterale del diritto）而被理解的，其中既无义务也无制裁"（同上）。然而，光是对于"**使我成为权威者**"（*auctor fio*）这个习用语的反思——而不只是"**我是权威者**"（*auctor sum*）——便足以使我们注意到，它似乎并非意味着按照自己的意愿对于某种权利的行使，而更像是一种非人格性的权能在"权威者"的人格本身中的实现。

6.3 在公法中，如我们所见，*auctoritas* 被用来指称元老院最专属的特权。这个特权的行为主体因此乃是**元老们**（*patres*）①："**元老权威**"（*auctoritas patrum*）和"**使元老们成为权威者**"（*patres auctores fiunt*）则是表述元老院宪政功能的习用语。然而，法律史学者在定义这个功能时却一直遭遇困难。蒙森已经察觉到元老院并没有自己的行动，而只能与行政官员共同行动，或是通过批准法律来

---

① patres 是 pater 的复数型，因此原本指的便是"家父们"。在共和时期，其含义逐渐转向专指元老院成员，故在此译为"元老们"。

完成人民大会（comizi popolari）①的决议。它不能在没有被官员咨询的情况下表达自己的意见，并且，它也只能够请求或"建议"（consigliare，"**咨议**"［*consultum*］是其专门术语），而这个"建议"则从未具有绝对的约束力。*Si eis videatur*，如果他们（行政官员）觉得适当的话，乃是元老院咨议的习用语。而在元老院终极咨议的极端情况中，其用语也只是略微加强语气：**请执政官视情况妥善处理**（*videant consules*）。蒙森在表述**权威**的这个特征时如此写道：它"低于一个命令，又高于一个建议"（Mommsen, 1969，p.1034）。

可以确定的是，无论经由何种方式，**权威**（*auctoritas*）都与行政官员或人民的**权力**（*potestas*）或**统治权**（*imperium*）无关。元老并非行政官员，我们也几乎从未在他的"建议"中发现用来定义官员或人民之决定的动词"**命令**"（*iubere*）。即便如此，通过与私法中的权威者（auctor）形象间强而有力的类比，"**元老权威**"介入批准了人民大会的决定，使其具有完整的效力。同一个用语（"**使我成为权威者**"）既用来指称监护人完成未成年人行为的行动，也用来指称对于人民决议的元老院批准。此处的类比并不必然意味着人民必须被视为未成年人，相对于此，**元老们**则作为监护人而行动；

---

① comitia 是全体罗马公民都有资格参加的会议，主要功能包含审议法律提案、选举行政官员和进行某些审判。如前所述，元老院、行政官员与人民大会乃是罗马共和政体的三大支柱。甚至，在主权属于全体罗马人民（populus）的意义上，人民大会具有本源性的意义。参考黄风编，《罗马法辞典》，第58—59页；朱塞佩·格罗索著，《罗马法史》，第177—188页。书中将 comitia 译为"民众会议"。

重点是，在这个情况中我们同样可以发现在私法领域中界定完整法律行为的双重元素。"**权威**"与"**权力**"具有明确的区分，但它们却共同构成了一个双元体系。

ℵ 那个学者间关于如何试图将**元老权威**（auctoritas patrum）和私法中的**权威者**（auctor）统一在某个单一典范下的论战，其实可以轻易地通过以下方式解决：如果我们不将这个类比设想为一个个的行为人态样，而是两种元素之间的关系结构本身，经由两者的结合才构成了一个完整的行为。李察·海因泽（Richard Heinze）在1925年出版的一篇对罗马研究者具有显著影响力的研究中，便通过以下文字来界定未成年人与人民之间的共通元素："未成年人与人民都被决定将自己约束在某种指导方向（direzione）下，而他们的这种约束若是没有另一个主体的协同是无法产生的。"（Heinze, 1925, p.350）换言之，在这里涉及的并非学者们试图"通过私法的视角来描绘公法"的某种假定倾向（Biscardi, 1987, p.119），而是如我们将会看到的，关于法律本质的结构性类比。法律上的有效性（validità giuridica）并非某种人类行为的原初特征，而是必须通过一种"赋予合法性的权能"（potenza che accorda la legittimità），才能将它传送到人的行为之中（Magdelain, 1990, p.686）。

6.4 现在让我们在这个"赋予合法性的权能"与官员和人民的**权力**（potestas）的关系当中，尝试对它的本质提出更好的定义。我们到目前为止对这个关系的理解中尚未考虑到的，正是**权威**（auctoritas）在终极元老院咨议和**悬法**中所涉及的极端形态。

如我们所见,悬法创造出一种真正的法秩序的悬置。尤其是,其中执政官被贬为一般公民(in privato abditi),而每个一般公民则仿佛被赋予了**统治权**般地行动。另一方面,通过一个对称的反转,在公元前 211 年面对汉尼拔的进逼时,一道元老院咨议便重新恢复了已卸任的独裁官、执政官和监察官们的**统治权**("**请让所有曾经担任独裁官、执政官与监察官的人都拥有统治权,直到敌人退出城墙之外**"①[Livy 26.10.9])。在极端情况下(换言之,也就是在最能够定义这个权能之本质的情况下,如果我们的确总是在例外与极端情境中才足以定义一个法律制度最专属的特征),**权威**(auctoritas)似乎是作为**一种在权力**(Potestas)**产生之处将它悬置,而在它不再有效之处将其重新启动的力量**(forza)而采取的行动。它是一种悬置或重启法律的权力(Potere),但并不像法律一样具有形式上的效力(non vige formalmente come diritto)。

关于这个"权威"与"权力"之间既相互排除又相互补充的关系,我们也可以在另一个制度中发现它,其中**元老权威**再次展现出它独特的作用:那就是**摄政**(interregnum)。甚至在王权结束后,当基于死亡或其他原因导致城邦中没有任何执政官或其他官员时(除了平民代表外),**权威元老们**(patres auctores)——相对于**征补元老**(patres conscripti),同属某个执政官家族的元老集团——就会任命一位**摄政王**(interrex),以确保权力

---

① 原文为:placuit omnes qui dictatores, consules censoresve fuissent cum imperio esse, donec recessisset a muris hostis。

的延续性。① 在这里所使用的说法是"**共和国回归元老**"(*res publica ad patres redit*),或是"**占卜权回归元老**"(*auspicia ad patres redeunt*)。如同马格德林所写的,"在权力的空窗期(interregno),宪法被悬置了……共和国没有官员、没有元老院,也没有人民大会。于是属于'**元老**'(*patres*)的元老院集团就会聚在一起,主权性地任命第一位**摄政王**,而他可以再接着任命自己的继承人"(Magdelain, 1990, pp.359 以下)。"**权威**"在这里同样也展现出它与"**权力**"之悬置的关联性,以及同时在例外情境中确保共和国运作的能力。再一次,这个特权乃直接归属于**权威元老**本身。事实上,第一位**摄政王**被授予的并非官员的**统治权**,而纯粹只是**占卜权**(同上书, p.356)。当克劳狄(Appius Claudius)对平民主张占卜权的重要性时,他声称占卜权属于**私人元老**(*patres privatim*),属于一种人格性与排他性的资格:"占卜权是如此地专属于我们……因

---

① 在这里 patres auctore 与 patres conscripti 的对比与罗马共和时期的贵族(patricii)与平民(plebs)的二元政治结构有关。在罗马建国初期,唯一能够参与政治的是构成罗马人民(populus Romanus)的三大部落中的各氏族与家族的家父,他们被称为 patres 或 patricii,也是唯一有资格被国王(rex)选入元老院的人。进入共和时期后,由于先前许多元老院成员遭到暴君的杀害或流放,因此为了填补这些空缺,武士阶级的上层平民开始被选入元老院,而这群新登录的元老便被称为 conscripti,故译为"征补元老"。相对于此,原本的元老就称为 patres 或 patres auctores,亦即出身贵族而拥有专属权威的"权威元老"。参考 William Smith, A Dictionary of Greek and Roman Antiquities, pp. 172—173, 1016。网址:https://penelope.uchicago.edu/Thayer/E/Roman/Texts/secondary/SMIGRA/home.html,2023/1/30 浏览。

此我们作为私人就拥有它。"①(Livy 6.41.6)这个重新启动缺位的 *potestas* 的权力,并不是一种来自人民或官员的法律权力,而是直接源自**元老**(*patres*)的人格条件。

6.5 **权威**(*auctoritas*)展现出它悬置法律之特殊功能的第三个制度是"**公敌宣告**"(*hostis iudicatio*)。在某个罗马公民因为谋反或叛国而威胁到共和国安全的例外情况中,他可以被元老院宣告为 *hostis*,公敌。"**公敌宣告**"并不能被简单等同于一个外敌, *hostis alienigena*,因为后者仍然受到**万民法**(*ius gentium*)的一贯保障(Nissen, 1877, p.27)。相对于此,公敌则完全欠缺任何法律地位,因此可以在任何时候被剥夺财产并置于死地。在这里遭到**权威**悬置的并不单纯只是法秩序,而是**市民法**(*ius civis*)、罗马公民的地位本身。

最后,"**权威**"与"**权力**"之间既对抗又互补的关系还显示在一个术语的特殊性上,而蒙森是第一个注意到的人。"**元老院权威**"(*senatus auctoritas*)这个词组在术语意义上乃是用来指称一种元老院咨议的特殊情况:因为遭到**否决权**(*intercessio*)的反对而丧失法律效果,所以无论如何都不会被执行的元老院咨议(即便它仍然被如实地载入法令之中,亦即作为"**存查的权威**"[*auctoritas perscripta*])。也就是说,元老院的**权威**在这个时候才以它最纯粹清晰的形式显现出来:当它被某位行政官员的**权力**(*potestas*)宣告失效时,当它仅仅作为文字而存在,从而与法的效力(*vigenza del*

---

① 原文为: *nobis adeo propria sunt auspicia, ut…privatim auspicia habeamus*。此处的"私人"(*privatim*)意指未担任公职的一般公民(private citizen)。

diritto)形成绝对的对比时，**权威**在这一瞬间展现出了它的本质：能够同时"赋予合法性"和悬置法律的权能，只有在它最没有法律效能(massima inefficacia giuridica)的那一点上，才显示出它最专属的特质。这就是如果法律被完全悬置时，它所残留下来的事物(在这个意义上，在本雅明对于卡夫卡寓言的解读中，它将不再是法律，而是生命，在每一点上都与生命无可区分的法律)。

6.6 或许是在"**元首权威**"(*auctoritas principis*)中，也就是在《功绩录》(*Res gestae*)的一个著名段落中，奥古斯都主张**权威**(*auctoritas*)作为**元首**(*princeps*)①之特殊地位基础的那一刻，我们对于这个独一无二的特权的意义才能得到更好的理解。在这里有一件事非比寻常：1924年**安卡拉铭文**(*Monumentum Antiochenum*)的出版，正好与现代关于**权威**(*auctoritas*)研究的复兴同时发生，使我们得以更加精确地重构相关段落。那么在这里牵涉的究竟是什么呢？那是一系列拉丁铭文的片段，其中包含了《功绩录》第三十四章的一个段落，其完整记载原本只有希腊文的版本可资佐证。蒙森曾经通过以下这些词汇来重构原本的拉丁文本："从那时起，我

---

① Princeps 的本意是"第一人"或"领导者"，作为称号则源自罗马共和的 princeps senatus，即"元老院首席议员"。奥古斯都援用这个称号以保持共和政体的形式，尽管他实际上已掌有相当于君主的权力。直到戴克里先(Diocletian)在位时(公元284—305)才废除这个称号而改为 dominus(主宰)，因此一般将从奥古斯都到戴克里先的这段期间称为"元首制"(principatus, principate)时期。参考在线大英百科全书：Britannica, The Editors of Encyclopaedia."princeps". Encyclopedia Britannica, https://www.britannica.com/topic/princeps, 2023/1/30 浏览。

便以尊严胜过了众人,即使我并没有比担任其他官职的同僚们拥有更多的权力。"①然而,安卡拉铭文显示:奥古斯都所写的并非**尊严**(*dignitate*),而是**权威**(*auctoritate*)。在 1925 年评论这份新资料时,海因泽写道:"我们所有语文学者都该为盲目遵从蒙森的权威而感到羞愧:**权力**(*potestas*),也就是行政官员的法律权力,在这个段落中唯一可能的对立概念并非**尊严**(*dignitas*),而是**权威**(*auctoritas*)。"(Heinze, 1925, p.348)

就如事情多半都这样发生,而学者也不乏如此见识:这个概念的重新发现(在接下来的 10 年间出现了不下于 15 篇关于**权威**[*auctoritas*]的重要论文),恰恰同步于威权主义原则(*principio autoritario*)在欧洲社会政治生活中逐步增长的重要性。1937 年,一位德国学者写道,"**权威**(*auctoritas*),也就是我们现代威权主义国家公法中的基本概念,不只是在文字上,也包含从内容的观点而言,皆唯有从元首制时期的罗马法出发才能够加以理解"(Wenger, 1937—1939, vol.1, p.152)。即便如此,这个在罗马法与我们政治经验之间的联结,可能正是仍有待我们进一步探索的问题。

6.7 让我们现在重新回到《功绩录》的相关段落。这里的关键在于:奥古斯都并非通过与**权力**(*potestas*)相关的明确用语来定义他所拥有的宪政权力的特殊性——对此他宣称和那些一起担任行政官职的同僚们共享,而是通过那些与**权威**(*auctoritas*)相关之较为空泛的用语加以定义。元老院于公元前 27 年 1 月 16 日赋

---

① 原文为:*post id tempus praestiti omnibus dignitate* (axiōmati), *potestatis autem nihil amplius habui quam qui fuerunt mihi quoque in magistratu conlegae*。

予他的"奥古斯都"（Augustus）称号的含义，则完全与他的宣称相符；这个称号源自和 *augeo* 及 *auctor* 相同的字根，并且正如迪奥·卡修斯所点出的，这个称号"并非意指一种**权力**（*potestas/dynamis*）……而是彰显出**权威**（*auctoritas*）的光辉（*ten tou axiomatos lamproteta*）"（53.18.2）。

在同一年 1 月 13 日颁布的诏令中，奥古斯都宣告他恢复共和宪政的意向，并将自己界定为**最高位阶的权威者**（*optimi status auctor*）。如马格德林敏锐指出的，这里的 *auctor* 一词并不具有"创立者"（*fondatore*）的一般意义，而是**"要式买卖保证人"**的术语意义。正是因为奥古斯都将共和的恢复理解为将"**公共之物/共和国**"（*res publica*）从他的手中移交给人民和元老院（参见《功绩录》，34.1），因此不无可能

> 在"**最高位阶权威者**"（*auctor optimi status*）的用语中……"**权威者**"（*auctor*）一词具有相当明确的法律意涵，并指向**公物/共和国**（*res publica*）之移转的想法……奥古斯都因此就像是被移交给人民和元老院之诸多权利的**保证人**（*auctor*），如同在一个要式买卖中，**转让人**（*mancipio dans*）乃是**受让人**（*mancipio accipens*）就移转之物取得之权能的**保证人**（*auctor*）。（Magdelain, 1947, p.57）

无论如何，我们一般习惯通过"皇帝"（*imperatore*）这个词来加以定义的罗马元首——这个词回溯到的是行政官员的**统治权**（*imperium*）——并不是一种行政官职，而是一种**权威**（*auctoritas*）的极端形式。海因泽精准地界定了这两者的对立："每一个行政官

职都是一种预先设定好的形式,它可以由个人进驻并构成其权力来源。相反,**权威**则源自人格(persona),仿佛某种由其构成,仅在其中存在,并随其而消失的事物。"(Heinze,1925,p.356)尽管奥古斯都从人民和元老院那里得到了所有的官职,然而**权威**却仅系于他的人格,并将他建构为**最高位阶的权威者**,作为合法化并担保罗马整体政治生活的人。

由此产生了奥古斯都的人格的特殊地位,而这个特殊性表现在一件其重要性尚未被研究者充分体认到的事情上。迪奥·卡修斯告诉我们,奥古斯都"将他的整个家宅公开(ten oikian edemiosen pasan)……借此同时居住在公共与私人空间之中(hin' en tois idiois hama kai en tois koinois oikoie)"(55.12.5)。在这里,正是他所体现的**权威**,而非他被授予的官职,使得从他身上独立出某种像是私生活与私**宅**(domus private)的事物变得不再可能。我们也必须根据同样的意义来解释另外一件事:在奥古斯都位于帕拉蒂诺(Palatino)的家中所供奉的维斯塔(Vesta)①**神像**(signum)。佛拉斯切提适切地指出,基于对维斯塔的祭拜和对罗马人的众多公共家神(Penati pubblici)的祭拜②之间的紧密联结,以下这件事的意义重大:奥古斯都家的家神被认同为罗马人民的家神,并且因

---

① 罗马神话中掌管炉灶的女神。

② Penati(Penates 或 Di Penates)是罗马人家庭守护神的总称,并无确切的数量和身份,但与灶神维斯塔密切相关。公共的家神(Penates Publici)则是整个罗马的守护神,其祭拜成为罗马人的爱国主义和民族主义的重要成分。参考在线大英百科全书:Britannica, The Editors of Encyclopaedia."Penates". Encyclopedia Britannica, https://www.britannica.com/topic/Penates, 2023/1/31浏览。

此"一个家的私人祭拜……和在城邦中最典型的社群祭拜(拜维斯塔和罗马人的公共家神),仿佛在奥古斯都家中可以实际上合而为一(omologare)"(Fraschetti, 1990, p. 359)。换言之,"威严"(augusta)的生活不再能够如同一般公民的生活,得以通过公/私的对立加以界定。

ℵ 我们应该从这个角度重新阅读坎托罗维奇(Kantorowicz)的"国王的两个身体"的理论,以进一步厘清其中的某些观点。坎托罗维奇在他所试图重构的英国与法国君主制学说中普遍低估了罗马先例的重要性,因此并未将权威与权力的区分与国王的两个身体的问题,以及**尊严不死**(dignitas non moritur)的原则关联起来。然而正是因为君王/主权者(sovrano)先是具体化了**权威**,而非单纯的**权力**,**权威**才如此紧密地与他的人身(persona fisica)绑在一起,导致必须在**拟像葬礼**(funus imaginarium)中制作一个君王的复制蜡像的复杂仪式。一个行政官职的结束本身则完全不涉及任何关于身体的问题:一位官员可以接替另一位官员而毋须预设职位的不朽。唯有因为从罗马**元首**开始,君王/主权者在他的人格之中表现了**权威**,唯有因为在"威严"的生活中,公与私进入了一个绝对无可区分的地带,才产生了区分两个身体以确保**尊严**的延续之必要(**尊严**[dignitas]完全只是**权威**[auctoritas]的同义词)。

若想理解像是法西斯的统领(Duce)和纳粹的**领袖**①(Führer)

---

① 这一术语最为人熟知的含义即希特勒的领袖身份,在中国大陆通常译为"元首"。——校注

这样的现代现象,十分重要的一点是不要忘了它们和"**元首权威**"原则之间的延续性。如我们已经看到的,无论统领还是**领袖**代表的都不是一种官职或宪法明定的公职——即便墨索里尼和希特勒分别获得了政府首长和帝国总理的职位,就如奥古斯都得到了**执政官的统治权**或是护民官的**权力**。相对于此,统领或**领袖**的特质乃直接联结于人身,从而属于**权威**(*auctoritas*)的生命政治传统,而非**权力**(*potestas*)的法律传统。

6.8 重要的是,现代的研究者竟然如此轻易接受这样的宣称:**权威**(*auctoritas*)乃直接内在于**家父**或**元首**的活的人格(persona vivente)之中。这样一种显然只是用来奠定**权威**相对于**权力**的优越性,或至少是特殊地位的意识形态或**虚构**,于是就成为了一种法律内在于生命的形象。而这件事恰好就发生在威权主义原则通过法西斯主义和国家社会主义,在欧洲体验到出乎意料的重新复苏的年代,绝非偶然。即使显然不会有某种由奥古斯都、拿破仑或希特勒一个接着一个体现出的永恒人格类型,而只有或多或少相似的法律装置在或多或少不同的情境中被运用(例如例外状态、**悬法**、**元首权威**,或是**领袖权**[*Führertum*]),即便如此,在20世纪30年代,特别是(但不只是)在德国,韦伯所定义的"克里斯玛型"(carismatico)权力依然被联结到**权威**(*auctoritas*)的概念,并在**领袖权**的学说中被阐述为领导者原初性和个人性/人格性的权力(potere personale)。1933年,在一篇试图初步界定国家社会主义基本概念的短文中,施米特因此尝试通过"领导者与追随者之间的血统/世系(stirpe)同一性"来界定**领导**(*Führung*)的原则(在此可以看到他对于韦伯概念的引用)。1938年柏林法学家特里佩尔

(Heinrich Triepel)的专书《领导》(*Die Hegemonie*)出版了,对此施米特迫不及待地写下书评。在这本书的第一节,作者提出了一个关于**领袖权**的理论,将其阐释为一种并非奠基于既存体制,而是奠基于人格魅力的权威(autorità)。**领袖**(*Führer*)在这里乃是通过心理学的范畴加以界定(拥有充满活力、自觉和创造力的意志),并特别强调他与社会群体间的一体性,以及他的权力的原初性和人格性特征。

接着在1947年,辈分极高的罗马研究者德法兰奇琪(Pietro De Francisci)出版了《统治权的奥秘》(*Arcana imperii*),其中花了相当大的篇幅分析权力的"原初/首要类型"(tipo primario)。试图借由某种委婉的说法与法西斯主义保持距离,他将这种权力定义为"**统领权**"(*ductus*,而**统领**[*ductor*]则是体现此一权力的首领)。德法兰奇琪将韦伯的权力三分法(传统型、法制型、克里斯玛型)转化为由权威/权力(autorità/potestà)的对立所凸显的二分法。**统领**或**领袖**的权威绝非衍生性的,而总是原初性的,并自其人格之中涌现。此外,权威就其本质而言并非强制性的,而是如特里佩尔所指出的,其实奠基于同意和对于某种"价值优越性"的自由承认上。

虽然纳粹与法西斯的统治技术近在眼前,但无论是特里佩尔还是德法兰奇琪,却似乎都没有察觉到他们所描述的权力的原初展现,其实来自法秩序的悬置或失效(neutralizzazione);也就是说,最终而言,来自例外状态。而所谓的"克里斯玛"(carisma),亦如对保罗的"**恩宠**"(*charis*)概念的参照——而韦伯对此知之甚详——足以显示,其实际上是伴随着法律的失效而产生的,而非某种更为原初的权力形象。

无论如何,这三位作者似乎都毫无疑问视为理所当然的,正是这个威权-克里斯玛型的权力能如此神奇地从**领袖**的人格本身涌现。就此而言,似乎没有什么能够比这件事更强而有力地肯认法律的以下宣称:它在某个关键点上与生命重合。在这个意义上,**权威**(*auctoritas*)的学说至少有部分和将法律视为最终与生命/生活(vita)同一或具有直接关联的法律思想传统有所交集。对于萨维尼(Savigny)的格言——"法律只不过是从某个特定观点加以考量的生活",20世纪的鲁道尔夫·史梅德(Rudolf Smend)也提出相应的论点:"规范是从生活及其被赋予的意义中获得它的效力基础(*Geltungsgrund*)、特定性质和效力的意义;就如反过来说,生活也只能从它被规范和赋予的生命意义(Lebensinn)出发来理解。"(Smend,1956,p.300)就如在浪漫主义的意识形态中,某种像是语言的事物唯有在与一个民族(un popolo)的直接关系中才能得到完整的理解(反之亦然),因此法律与生命/生活也必须在一种相互奠基的关系中紧密地相互蕴含。**权威**与**权力**之间的辩证所表达的正是这个蕴含(就此而言,我们可以说**权威**的典范具有某种生命政治的原初特征)。规范之所以能够适用于正常个案,并且能够在被悬置的情况下不至于让法秩序完全取消,正是因为通过**权威**或主权决定的形式,它直接指涉生命,从生命之中涌现。

6.9 或许到了现在这个点上,我们可以回头省视至今跋涉过的旅程,尝试从我们对例外状态的考察中获取某些暂时的结论。西方的法律体系在这里呈现出一种双元结构,由两种异质却又协调的元素所组成:一种是严格意义上的规范和法律元素,为了方便起见我们可以将它置于"**权力**"(*potestas*)的标记下,另一种则是无规范(*anomico*)和超法律(*metagiuridico*)的元素,我们可以用"**权威**"(*auctoritas*)这个名字来称呼它。

一方面,规范元素需要无规范元素才能让自己得以适用;另一方面,**权威**也唯有在使**权力**生效或悬置的关系中才得以肯认自身。正是因为建立在这两种以某种方式相互拮抗,却又在功能上彼此联结的元素的辩证上,古代法律的栖所相当脆弱,并在勉力维持自身秩序的紧张状态中,总是已经步向崩坏与衰败。例外状态正是最终必须将法律-政治机器的这两部分接合维系在一起的装置。为了达到这个目的,它在无法/失序(*anomia*)与**法秩序**(*nomos*)、生命与法律、**权威**与**权力**之间设置了一道无可决定的阈界。它将自身奠基于一个根本的虚构/拟制(*finzione*)上,而从这个虚构/拟制的角度看来,无法/失序在**权威**、活的法律或法律效力的形式中仍然关联于法秩序,而悬置规范的权力则直接掌握了生命。只要这两种元素之间可以维持某种关联性,但在概念、时间和主体上加以区分(就像在罗马共和中元老院与人民的对立,或是中世纪欧洲的精神权力与世俗权力的对立),它们之间的辩证即便奠基在一个虚构上,也依然可以在某种程度上持续运作。然而,一旦当它们倾向于重合在一个单一人格中,一旦例外状态成为常规(在其中它们相互联结而不再能够彼此区分确定[*si indeterminano*]),那么法律-政治系统就将自我转化为一部致命的机器。

6.10 这个考察的目的——在"我们生存其中"的例外状态的迫切性中——在于将那支配着我们时代最极致之"**统治权奥**

秘"（*arcanum imperii*）的虚构摊开在阳光底下。那存放在权力的"法柜"（*arca*）核心的事物便是例外状态，然而这基本上是一个空无一物的空间：其中一种与法无关的人类行动，面对着一种与生命无关的规范。

然而，这并不意味着这部空心的机器没有效力。相反，我们所试图显示的，正是这部机器已经毫无间断地从第一次世界大战开始，历经法西斯与国家社会主义，一直运作到我们的时代。事实上，例外状态如今已然达到前所未有的全球性扩散。法律的规范面可以被一种治理暴力在对外忽视国际法、对内创造出永久例外状态的情况下，丝毫不受制裁地抹销和抵触。即便如此，它却仍然宣称自己在适用法律。

在这里我们必须做的，自然不是将例外状态重新带回到它通过时间与空间所界定的界限中，进而重新肯定规范与法律的首要性——最终而言，规范与法律的基础本身也在于例外状态。从我们生存其中的真实例外状态，已不再可能重新回到法的状态/法治国家（*stato di diritto*），因为如今的争议所在正是"国家"与"法律"的概念本身。但如果有可能尝试让这部机器停止运转，呈现出其核心的虚构，那是因为在暴力与法律、生命与规范之间，并不存在任何实质的联结。在那不计一切代价试图将两者保持关系的运动旁，有一股反抗运动，借由在法律与生命之中的反向操作，总是试图将那被人为和暴力地联结在一起的事物松解开来。换言之，在我们文化的张力场域中，有两股相反的力量在作用着：一股建制与创设，另一股解除与罢黜。例外状态便是它们之间张力最强之处。然而，当例外状态与常规重合时，同样也是使得它们如今无法被清楚辨识的所在。生存在例外状态中，因此意味着同时体验到这两种可能性,进而通过每一次都将这两股力量区分开来,努力不懈地尝试阻断这部机器的运作,而这部机器正将整个西方带向世界内战的境地。

6.11 如果真的在生命与法律、无法/失序(anomia)与**法秩序**(*nomos*)之间,通过例外状态所产生的接合,即便是虚构的,但依然有效,我们仍然无法得到这样的结论:在法律装置之前或之后的某处,有一条可以直达某种事物的通道,而法律装置同时再现了它的断裂,以及结合的不可能。并非**首先**存在着作为自然生物性之既存事物的生命,以及作为自然状态的无法/失序,**而后**它们才通过例外状态被卷入法律之中。相反,区分生命与法律、无法/失序与**规范**的可能性本身,正与它们在生命政治机器中的接合同时存在。单纯/赤裸的生命(nuda vita)乃是这部机器的产物,而非某种先于它的事物,正如法律在自然或神的心中并没有法庭(assise)。生命与法律、无法/失序与**法秩序**、**权威**(*auctoritas*)与**权限**(*potestas*)实源自某物的断裂,然而若要触及它,除了经由将这些断裂联结起来的虚构外,除了通过一点一滴地揭穿这个虚构,将它所宣称联结的事物分离开来,我们也别无他途。即便如此,祛魅并非将着魔之物重新恢复到它的原初状态:根据纯粹性从未存在于起源的原则,祛魅只赋予它通向一个新境界的可能性。

在法律与生命的非关系(non-relazione)中呈现出法律,同时也在生命与法律的非关系中呈现出生命:这意味着在它们之间为人的行动打开一个空间,而这样的行动曾一度自命为"政治"。政治已然因为与法律间的相互沾染而长期黯然失色:在最好的情况下,它也只不过将自己理解为制宪权(也就是制定法律的暴力),

如果尚未单纯地自我窄化为与法协商的权力。然而,唯有斩断暴力与法律之联结的行动,才是真正的政治。也唯有从由此打开的空间出发,才有可能提出以下问题:当在例外状态中将法律联结于生命的装置解除之后,法律的可能之用。到了那个时候,一种"纯粹"的法将会出现在我们面前,其意义就如同本雅明所说的"纯粹"语言和"纯粹"暴力。相应于一种无拘束力的话语——其既不命令,也不禁止,而只是述说自身——将会产生一种作为纯粹手段的行动,完全只展现自身而无关乎任何目的。而在这两者之间,并非某种失落的原初状态,只有法律与神话的权能曾在例外状态中试图捕捉的使用和人的实践。

参考书目[1]

Arangio-Ruiz, Gaetano. 1913. *Istituzioni di diritto costituzionale italiano*. Reprint, Milano: Bocca, 1972.

Arendt, Hannah. 1961. *Between Past and Future*. New York: Viking.

Balladore-Pallieri, Giorgio. 1970. *Diritto costituzionale*. Milano: Giuffrè.

Bengel, Johann Albrecht. 1734. *Vorrede zur Handausgabe des griechischen Neuen Testament*.

Benjamin, Walter. 1921. *Zur Kritik der Gewalt*. In Tiedemann and Schweppenhäuser, *Gesammelte Schriften*. Frankfurt am Main: Suhrkamp, 1972–1989, vol. 2, pt. 1.

Benjamin, Walter. 1928. *Ursprung des deutschen Trauerspiels*. In Tiedemann and Schweppenhäuser, *Gesammelte Schriften*, vol. 1, pt. 1 (and vol. 1, pt. 3).

Benjamin, Walter. 1931. *Karl Kraus*. In Tiedemann and Schweppenhäuser, *Gesammelte Schriften*, vol. 2, pt. 1.

Benjamin, Walter. 1934. *Franz Kafka*. In Tiedemann and Schweppenhäuser, *Gesammelte Schriften*, vol. 2, pt. 2.

---

[1] 本参考书目为对照原著书目信息后,参照英译本格式编列。

Benjamin, Walter. 1942. Über den Begriff der Geschichte. *In Tiedemann and Schweppenhäuser, Gesammelte Schriften*, vol. 1, pt. 2.

Benjamin, Walter. 1966. *Briefe*. 2 vols. Ed. Gershom Scholem and Theodor W. Adorno. Frankfurt am Main: Suhrkamp.

Benjamin, Walter. 1992. Notizen zu einer Arbeit über die Kategorie der Gerechtigkeit. *Frankfurter Adorno Blätter* 4.

Benveniste, Émile. 1969. *Le Vocabulaire des institutions indo-européennes*. 2 vols. Paris: Minuit.

Biscardi, Arnaldo. 1987. *Auctoritas patrum: Problemi di storia del diritto pubblico romano*. Napoli: Jovene.

Bredekamp, Horst. 1998. Von W. Benjamin zu C. Schmitt. *Deutsche Zeitschrift für Philosophie* 46.

Delatte, Armand. 1922. *Essai sur la politique pythagoricienne*. Paris: Liège.

Delatte, Louis. 1942. *Les traités de la royauté d'Ecphante, Diotogène et Sthénidas*. Paris: Droz.

De Martino, Francesco. 1973. *Storia della costituzione romana*. Napoli: Jovene.

Derrida, Jacques. 1994. *Force de loi*. Paris: Galilée.

Drobisch, Klaus, and Wieland, Günther. 1993. *System der NS-Konzentrationslager* 1933–1939. Berlin: Akademie.

Duguit, Léon. 1930. *Traité de droit constitutionnel*, vol. 3. Paris: de Boccard.

Durkheim, Émile. 1897. *Le Suicide. Étude de sociologie*. Paris: Alcan.

Ehrenberg, Victor. 1924. Monumentum Antiochenum. *Klio* 19,

pp.200 ff.

Fontana, Alessandro. 1999. Du droit de résistance au devoir d'insurrection. In *Le droit de résistance*, ed. Jean-Claude Zancarini. Paris: ENS.

Fraschetti, Augusto. 1990. *Roma e il principe*. Rome-Bari: Laterza.

Fresa, Carlo. 1981. *Provvisorietà con forza di legge e gestione degli stati di crisi*. Padova: CEDAM.

Friedrich, Carl J. [1941] 1950. *Constitutional Government and Democracy*. 2nd ed. Boston: Ginn.

Fueyo, Jesus. 1968. Die Idee des "Auctoritas": Genesis und Entwicklung. In *Epirrrhosis. Festgabe für Carl Schmitt*, ed. Hans Barion. Berlin: Duncker & Humblot.

Gadamer, Hans-Georg, 1960. *Wahrheit und Methode*. Tübingen: Mohr.

Hatschek, Julius. 1923. *Deutsches und Preussisches Staatsrecht*. Berlin: Stilke.

Heinze, Richard. 1925. Auctoritas. *Hermes* 60, pp.348 ff.

Kohler, Josef. 1915. *Not kennt kein Gebot*. Berlin-Leipzig: Rothschild.

Magdelain, André. 1947. *Auctoritas principis*. Paris: Belles Lettres.

Magdelain, André. 1990. *Ius Imperium Auctoritas. Études de droit romain*. Rome: École française de Rome.

Mathiot, André. 1956. La théorie des circonstances exceptionnelles. In *Mélanges Mestre*. Paris: n.p.

Meuli, Karl. 1975. *Gesammelte Schriften*. 2 vols. Basel-Stuttgart: Schwabe.

Middell, Emil. 1887. *De iustitio deque aliis quibusdam iuris publici romani notionibus*. Minden, Germany: Bruns.

Mommsen, Theodor. 1969. *Römisches Staatsrecht*. 3 vols. Reprint, Graz: Akademische Druck (Orig. pub., Berlin, 1871).

Nissen, Adolph. 1877. *Das Iustitium. Eine Studie aus der römischen Rechtsgeschichte*. Leipzig: Gebhardt.

Noailles, Pierre. 1948. *Fas et Ius. Études de droit romain*. Paris: Belles Lettres.

Plaumann, Gerhard. 1913. Das sogennante Senatus consultum ultimum, die Quasidiktatur der späteren römischen Republik. *Klio* 13.

Quadri, Giovanni. 1979. *La forza di legge*. Milan: Giuffrè.

Reinach, Theodor. 1885. *De l'état de siège. Étude historique et juridique*. Paris: Pichon.

Romano, Santi. 1909. Sui decreti-legge e lo stato di assedio in occasione dei terremoti di Messina e Reggio Calabria, in *Rivista di diritto pubblico*. In *Scritti minori*. Vol. 1. Reprint, Milan: Giuffrè, 1990.

Romano, Santi. 1983. *Frammenti di un dizionario giuridico*. Milan: Giuffrè.

Roosevelt, Franklin D. 1938. *The Public Papers and Addresses*. Vol. 2. New York: Random House.

Rossiter, Clinton L. 1948. *Constitutional Dictatorship: Crisis Government in the Modern Democracies*. New York: Harcourt Brace.

Saint-Bonnet, François. 2001. *L'état d'exception*. Paris: Presses Universitaires de France.

Schmitt, Carl. 1921. *Die Diktatur*. Munich-Leipzig: Duncker &

Humblot.

Schmitt, Carl. 1922. *Politische Theologie.* Munich-Leipzig: Duncker & Humblot.

Schmitt, Carl. 1928. *Verfassungslehre.* Munich-Leipzig: Duncker & Humblot.

Schmitt, Carl. 1931. *Der Hüter der Verfassung.* Tübingen: Mohr.

Schmitt, Carl. 1995. *Staat, Großraum, Nomos.* Berlin: Duncker & Humblot.

Schnur, Roman. 1983. *Revolution und Weltbürgerkrieg.* Berlin: Duncker & Humblot.

Schütz, Anton. 1995. L'immaculée conception de l'interprète et l'émergence du système juridique: À propos de fiction et construction en droit. *Droits* 21.

Seston, William. 1962. Les chevaliers romains et le iustitium de Germanicus, in *Revue historique du droit français et étranger.* In *Scripta varia.* Reprint, Rome: École française de Rome, 1980.

Smend, Rudolph. 1956. Integrationslehre. In *Handwörterbuch der Sozial-wissenschaften.* Vol. 5. Stuttgart: Fischer; Tübingen: Mohr; Göttingen: Vandenhoeck & Ruprecht.

Spinoza, Baruch. 1967.*Court Traité de Dieu, de l'homme et de son état bienheureux.* Paris: Gallimard, «La Pléiade».

Taubes, Jacob. 1987. *Ad Carl Schmitt. Gegenstrebige Fügung.* Berlin: Merve.

Tingsten, Herbert. 1934. *Les pleins pouvoirs. L'expansion des pouvoirs gouvernementaux pendant et après la grande guerre.* Paris: Stock.

Versnel, H. S. 1980. Destruction, devotio, and despair in a situation of anomy: The mourning of Germanicus in triple perspective. In *Perennitas. Studi in onore di Angelo Brelich*. Rome: Edizioni dell'Ateneo.

Viesel, Hansjörg. 1988. *Jawohl, der Schmitt. Zehn Briefe aus Plettenberg*. Berlin: Support.

Wagenvoort, H. 1947. *Roman Dynamism*. Oxford: Blackwell.

Watkins, Frederick M. 1940. The Problem of Constitutional Dictatorship. *Public Policy* 1.

Weber, Samuel. 1992. Taking exception to decision: W. Benjamin and C. Schmitt. In *Walter Benjamin*, ed. Uwe Steiner. Bern: Lang.

Wenger, Leopold. 1939. Römisches Recht in Amerika. In *Studi di storia e diritto in onore di Enrico Besta*. Vol. 1. Milan: Giuffrè.

术语索引①

anomia 无法/失序、无规范 33,34,49,52,65,66,67,71,74,76,77,78,84,85,86,87,88,89,90,91,93,94,109,110,112

auctor 权威者 97,98,99,100,104,105

auctoritas 权威 67,95,96,97,98,99,100,101,102,103,104,105,106,108,109,112

auctoritas partum 元老权威 62,95,99,100,101,

auctoritas principis 元首权威 103,107

biopolitico 生命政治 12,107,109,112

catastrofe 浩劫/剧变 73,74,87,88

decisione 决断 30,41,47,48,49,66,71,73,90

decisione sovrana 主权决断 30,31,70,72,76,109

decreti-legge 命令法 26,27,28

---

① 本书术语索引和人名索引所注明页码均为意大利文原版页码,术语索引中的意大利语名词一般采用阳(阴)性单数形式,个别特殊术语采用其他形式,具体变位在文中视情况有所变化。索引中斜体字为拉丁文等其他语言。

decreto di urgenza/decretaizione di urgenza 紧急命令 13, 25,27,28

diritto di resistenza 抵抗权 20,21

dittatura 独裁 15,17,18,30,44,45,46,47,48,62,63,66,73, 75,76,96

dittatura sovrana 主权独裁 17,18,42,44,45,46,49,52,71,75

dittatura comissaria 委任独裁 17,18,30,44,45,46,47,48,49, 52,73

dittatura costituzionale 宪政独裁 15,17,18,26

dittatura presidenziale 总统独裁 25

dittatura sovrana 主权独裁 17,18,42,44,45,46,49,52,71,75

estasi-appartenenza 出窍-内属 48

escatologia bianca 空白终末论 74

fascismo 法西斯 75,107,108,111

finzione 拟制、虚拟 40,67,76,110

forza-di-legge 法律效力 14,17,23,28,37,50,51,52,67,

forza-di-~~legge~~ 法律效力 52, 54, 58, 67, 77, 81,83,93

Führer 领袖 51,76,107,108

governamentale 行政制、治理 14, 16, 27, 28, 29,63,111

governo 治理 9,11,16,17,18,19,24,31,44,81,108

guerra civile 内战 9,10,29,30,39,55,56,58,77

guerra civile legale 合法内战 10,11

guerra civile mondiale 世界/全球内战 11,32,111

indecisione, indecidibilità 无法决断、优柔寡断 10, 40, 70, 71,73,75,76,90,110

iustitium　悬法　55,56,57,60,61,62,63,64,65,66,67,84,87,88,95,101,107

legge marziale　戒严法　13,18,28,29

legge vivente　活的法律　89,90,91,93

legittima difesa　正当防卫　57

le lacune deldiritto　法的漏洞、法的空白　42

linguaggio　语言　49,53,54,78,79

logos　逻各斯　54,77

lutto　哀悼、丧礼　84,85,87,88,90,93

lutto pubblico　公共丧礼　60,84,85,87,88,90

messianico　弥赛亚　82

nazismo　纳粹　25

necessità　必要性　16,18,19,27,29,33,34,35,37,38,39,40,41,59,60,66,72

necessitas legem non habet　迫切无法　9,34,35,37

nomos　法、法律、法秩序、规范　71,89,90,91,93,110,112

nuda vita　裸命　13,112

paradigma　典范　9,11,14,16,17,18,24,26,27,44,62,63,73,93,100,109

pieni poteri　全权　4,15,16,66

politico　政治性　9,10,27,46,67,74,112

potere costituente　制宪权力　41,45,46,48,49,66,67,71,73,112

potere di emergenza　紧急权力　17,18,19

potere sovrano　主权权力　31,32

potestas 权力 88,95,96,97,100,101,102,103,104,105,106, 107,109,110,112

puro 纯粹 12,54,69,70,71,77,78,79,80,81,82,103,113

quasi-dittatura 准独裁 18,58,62,63

regola 常态、常规 16,19,26,28,32,75,88,89,110,111

rivoluzione 革命 11,14,38,39,40

senatus consultum ultimum 元老院终极咨议 55,57,58,59, 61,63,65,95,100

soglia 门槛 11,13,30,34,39,40,54,74,93,110

sovranità 主权 9,41,45,47,48,69,70,71,72,74,75,76,82, 89,90,93,97

sovrano 主权者 9,22,35,47,48,50,51,72,73,74,84,87,88, 89,90,91,93,106

stato d' assedio 戒严状态 13,14,16,18,21,22,23,24,27,38, 44,45,57,76

stato di assedio politico/fittizio 政治的/拟制的戒严状态 13, 22,76

stato di eccezione fittizio 拟制的例外状态 11,76,77

stato di eccezione reale/effettivo 真实的例外状态 11,75, 76,93

stato di emergenza/eccezione permanente 恒常性的紧急状态/例外状态 11

stato di natura 自然状态 15,66,112

stato di necessità 迫切状态 9,13,26,33,36,37,40,41,42,57, 59,66

Stato duale 双重国家 63,76

tumultus 动乱 55,56,57,58,60,61,88

uso 用 24,47,83,112,113

violenza 暴力 37,39,50,54,69,70,71,74,76,77,80,81,82, 92,111,112,113

violenza che conserva il diritto 护法暴力 69,71

violenza che pone il diritto 立法暴力 69,112,71

violenza pura 纯粹暴力 54,70,71,77,78,79,80,81,82,113

vita 生命、生活 12,81,82,90,93,94,99,103,106,107,108, 109,110,111,112

vuoto 空缺 15,56,63,64,65,66,68

人名索引①

Adorno, Theodor W. 阿多诺 96

Annibale 汉尼拔 101

Arendt, Hannah 阿伦特 11, 95, 96,

Augusto 奥古斯都 87, 88, 103, 104, 105, 106, 107

Balladore-Pallieri, Giorgio 巴拉多尔-帕里耶利 33

Benjamin, Walter 本雅明 11, 19, 50, 68, 69, 70, 71, 72, 73, 74, 75, 76, 77, 78, 79, 80, 81, 82, 83, 88, 103, 113

Benveniste, Émile 班维尼斯特 53, 98

Butler, Judith 巴特勒 12

Bush, George W. 乔治·沃克·布什 12, 32

Cicerone 西塞罗 56, 60, 64, 65

Dante 但丁 36, 37

De Francisci, Pietro 德法兰奇琪 108

Derrida, Jacques 德里达 50

Dione Cassio 迪奥·卡修斯 97, 105

---

① 本书由特约审订者对一些人名按照大陆通用译法加以修改和统一，如将"鄂兰"改为"阿伦特"。

Diotogenes 戴奥图真尼斯 89, 90, 91

Durkheim, Émile 涂尔干 86

Foucault, Michel 福柯 82

Fraschetti, Augusto 佛拉斯切提 87, 88, 106

Friedrich, Carl J. 弗里德里希 15, 17, 18, 62

Fueyo, Jesus 傅祐 96

Gadamer, Hans-Georg 伽达默尔 53

Graziano 格拉提安 34, 35, 36

Gracco, Tiberio 提比略·格拉古 58, 59, 64

Gracco, Caio 盖约·格拉古 95

Heinze, Richard 海因泽 100, 104, 105

Hitler, Adolf 希特勒 10, 24, 25, 63, 76, 107

Kafka, Franz 卡夫卡 81, 82, 83, 103

Kant, Immanuel 康德 52

Kantorowicz, Ernst 坎托罗维奇 106

Livio 李维 56, 60, 64

Lévi-Strauss, Claude 列维-斯特劳斯 50

Machiavelli, Niccolò 马基雅维利 60

Magdelain, André 马格德林 99, 102, 105

Meuli, Karl 穆里 92, 93

Middell, Emil 密德尔 61, 62, 84

Mommsen, Theodor 蒙森 57, 58, 59, 62, 63, 63, 99, 100, 103, 104

Mussolini, Benito 墨索里尼 63, 107

Napoleon 拿破仑 13, 22, 76, 107

Nissen, Adolph 尼森 59,60,61,62,63,64,65,84,88

Noailles, Pierre 诺阿耶 99

Nasica, Scipione 西庇阿·纳西卡 59,64

Opimio 欧皮米乌斯 65

Paolo 保罗 82,91,108

Plaumann, Gerhard 普劳曼 58,62,63

Reinach, Theodor 莱纳赫 11,76

Romano, Santi 罗马诺 27,33,37,38,40,41,

Roosevelt, Franklin D. 罗斯福 31

Rossiter, Clinton L. 罗西特 15,18,19,33,62

Savigny, Friedrich Karl von 萨维尼 109

Schmitt, Carl 施米特 9,11,15,17,18,20,25,29,30,34,41,
  42,44,45,46,47,48,49,53,62,63,66,67,68,69,70,71,72,
  73,74,75,76,77,81,96,107,108,

Seston, William 塞斯顿 84,87

Smend, Rudolph 史梅德 109

Spinoza, Baruch 斯宾诺莎 48,

Tingsten, Herbert 廷斯滕 15,16,18,23

Tommaso 托马斯 35

Triepel, Heinrich 特里佩尔 107,108

Versnel, H. S. 斐斯内尔 85,86

Weber, Max 韦伯 107,108

Weber, Samuel 韦伯 72

译后记①

1.阿甘本的思想轨迹

本书作者吉奥乔·阿甘本(Giorgio Agamben)1942年出生于意大利罗马。他在罗马大学修习法律与哲学,并于1965年以探讨西蒙娜·薇依(Simone Weil)政治思想的论文取得博士学位(laurea)。毕业之后,他紧接着在1966年与1968年参加了海德格尔在普罗旺斯的小镇勒托(Le Thor)的研讨课,主题分别是赫拉克利特(Heraclitus)与黑格尔。1974年至1975年,他转赴伦敦大学的华博格学院(Warburg Institute)做访问研究,并从1978年至1996年一直担任意大利文版《本雅明全集》的编辑。他曾在巴黎的国家图书馆发现了两批从未面世的遗稿,包含前述引文出处《历史的概念》(Über den Begriff der Geschichte)的手抄复本(de la Durantaye,2009:148—149)。②他的教学生涯曾经

---

① 这篇译后记基本上仍维持旧版的内容(由译者和台湾阳明交通大学社会与文化研究所的林淑芬教授合著)。

② 基于这样的考据功力,他得以对德文版《本雅明全集》的编辑提出某些质疑(如本书4.4)。

驻足巴黎的国际哲学院（Collège International de Philosophie）,意大利的马切拉塔大学（Univerità degli Studi di Macerata）、维罗纳大学（Univerità degli Studi di Verona）和威尼斯建筑大学（Univerità IUAV di Venezia）,以及美国的伯克利大学、纽约新校,等等,并曾担任欧洲研究所（European Graduate School）的斯宾诺莎讲座。①

如同凯瑟琳·米尔斯（Catherine Mills）在《哲学网络百科》的阿甘本词条中所言,他的思想发展以语言哲学为核心,进一步延伸到美学、政治与伦理等领域（Mills, 2006）。他的思想背景深受法国后结构主义的影响,但最直接承继的仍然是海德格尔与本雅明的哲学思想。根据德拉杜兰塔耶（de la Durantaye）的引述,阿甘本曾说过海德格尔的研讨课"使哲学成为可能"促使他放弃法律而以哲学作为志业（vocation）。然而另一方面,或许并不仅止于政治上的理由,他最终的精神导师仍是本雅明。他曾不止一次在访谈中说道,"本雅明是让我得以幸存于海德格尔的解药"（de la Durantaye, 2009: 2, 53）。此外,德里达似乎是他亦步亦趋的思想对手:在相应的问题意识开展中,他总是不断尝试提出对解构的超越（例如本书4.8）。② 另一方面,福柯的生命政治、治理性与

---

① 上述简历综合参考 Wikipedia, "Giorgio Agamben"（https://en.wikipedia.org/wiki/Giorgio_Agamben）; Internet Encyclopedia of Philosophy, "Giorgio Agamben"（作者: Catherine Mills）（https://iep.utm.edu/agamben/）; 欧洲研究所师资介绍（https://egs.edu/biography/giorgio-agamben/, 2023/3/26）。

② 阿甘本与德里达的比较,可从两人对于海德格尔、施米特、本雅明乃至列维纳斯的不同解读着手。在诸如语言、动物性、主权、法与暴力乃至友谊等问题上,两人的关注有十分显著的交集。我们可以说,借由将德里达界定

"考古学"研究方法则构成他从《圣/牲人》到《王国与荣光》系列著作的重要参照与对话对象。

从1970年的《无内容的人》(*L'uomo senza contenuto*)、1977年的《诗间》(*Stanze*),到1985年的《散文的理念》(*Idea della prosa*),阿甘本早期的主要研究潜行于哲学-文学-美学之间。1978年的《童年与历史》(*Infanzia e storia*)与1982年的《语言与死亡》(*Il linguaggio e la morte*),则代表了他对于语言哲学的研究成果。他认为西方形而上学对于存有的探问自始便是以一种独特的否定性关联于语言:**纯粹存有乃是不可言说者**。然而另一方面,这个不可言说者却又构成了西方哲学对于语言基础的设定。他因此将这个不可言说者称为"大音"(Voice):既非单纯的动物性声音,又尚未具有任何意义,而只是一个纯粹的否定性场所(Agamben,1991:xi—xiii)①。而在这段西方哲学史的考察之后,他开始进一步探问另一种新的语言存在方式的可能性:不是不可说的"大音",而是一种未必成为言说的童言儿语,或曰"未语"(in-fancy)(Agamben, 2007:54—60)。我们将会看到,这种对于语言否定性的探讨,将逐渐转化为对于语言的悬置作用的反思,进而成为《圣/牲人》政治思想的核心(如本书2.2)。

为超越性(transcendence)的哲学传统,阿甘本试图通过对于内在性(immanence)哲学的重新诠释来克服前者与其解构对象间的纠缠困境。在德里达生前出版的著作中,则鲜少针对阿甘本的观点进行深入讨论。不过在他过世后出版的动物性系列课程讲稿的第一卷《野兽与主权者》(Chicago University Press, 2009)中,可以看到他在第三堂及第十二堂课中讨论了《圣/牲人》的论点。

① 为方便读者进一步查阅,本文的引注页码皆为英译本,而非意大利文原著。此外,多数著作亦已有简体中文本可供参考。

阿甘本的政治书写开始于20世纪90年代。在柏林围墙倒塌后所引发的一股因应"欧洲共同体"的重新整合的热烈思潮中,他以一本小书《将来的共通体》(*La comunità che viene*,1990)勾勒出一种无法认同与再现的共同体。① 这样的"共通体"是以语言的存有作为沟通可能性本身所形成的,因此也是由"无论何者"(*quodlibet ens*, whatever being)所组成的(Agamben,1993:1—2)。② 后续收录在《无目的的手段》(*Mezzi senza fine*,1996)中的许多短文,例如《生命形式》(1993)、《超越人权》(1993)、《什么是营》(1994),等等,则进一步构成了他的政治哲学代表作《圣/牲人》的基底和蓝图。而我们在《于此流亡中:意大利日记,1992—1994》则可以读到他对于意大利政治的具体批判。③

---

① 在批判思想界最著名的就是南希的《解构的共通体》(*La communauté désœuvrée*,1986;中译本:郭建玲等译,上海人民出版社,2007)和布朗肖(Maurice Blanchot)的《不可言明的共通体》(*La communauté inavouable*,1986;中译本:夏可君、尉光吉译,重庆大学出版社,2016)。

② Quodlibet(混成曲)也是一家意大利出版社的名字。阿甘本的许多著作和他的博客文章也都在这家出版社发表,包括《圣/牲人》(*Homo sacer*)和他备受争议的疫情评论。

③ 哈特(Michael Hardt)在《意大利激进思想:潜能政治》(*Radical Thought in Italy: A Potential Politics*,1996)的导读中曾指出,当代意大利的激进政治思想孕育于近30年来其独特的政治运动经验。在第一阶段(20世纪60年代初至70年代初),以工厂的激进工人为"震央",连接学生与知识分子建立起独立于共产党及其工会组织的自主团体。"拒绝工作"成为当时的口号,但这并不意味着拒绝创造性的生产活动,而是拒绝资本主义的生产模式。到了第二阶段(1973—1979),斗争则从工厂蔓延至整个社会,包含女性主义在内的各种社会运动创造并实验着各种新的水平联结与民主形式,"自我增值"

1995年,"圣/牲人"系列的首部曲《圣/牲人:主权与裸命》(*Homo sacer. Il potere sovrano e la nuda vita*)正式出版,英译本则在1998年由斯坦福大学出版社发行。这本书奠定了阿甘本作为当代最具影响力之一的批判思想家的地位。① 在书中他原创性地将施米特(Carl Schmitt)的主权概念与福柯的生命政治结合起来,重新探讨人的生命如何通过主权逻辑的运作而成为法律-政治秩序的基础。借由考察分析罗马法的一个特殊形象 homo sacer(圣/牲人),他指出生命与政治之间具有比施米特和福柯所理解的更为根本的联结。"圣/牲人"是一种特殊的惩罚,被判处者将不得再献祭给神明,但同时任何人皆可杀之而不罚。因此阿甘本认为,"圣/牲人"正是通过双重的例外而被置于主权者的决断之下:"不得再献祭"作为神法的例外,却正好将他献予诸神,而"杀之不罚"

(self-valorization)则成为摆脱资本主义价值体系的核心概念。然而也在同一时期,如"赤军旅"(Red Brigades)的极左恐怖组织亦开始崛起,并在1978年绑架杀害了前意大利总理莫罗(Aldo Moro)。于是进入第三阶段(从20世纪70年代末至80年代初),意大利政府开始进行对于恐怖主义以及整体社会运动的全面镇压。数千名运动者依据被称为"莫罗法"(legge Moro)的法律命令(类似紧急命令)遭到逮捕,并在未起诉的情况下进行长期的预防性拘留。于后续的审判中,法院得以仅基于被告与犯罪团体之间的"联结"定罪(关于意大利的紧急状态实践可参考本书第一章中的"例外状态简史"。因此到了20世纪80年代初,几乎所有的运动组织都被消灭殆尽,而该书所收录的作者(如保罗·维尔诺[Paolo Virno]、莫雷齐奥·拉扎拉托[Maurizio Lazzarato]、安东尼奥·奈格里[Antonio Negri]和阿甘本等)则大多不是入狱就是流亡(Hardt, 1996:1—4)。

① Google Scholar 对于 *Homo Sacer* 英译本的引用统计为26842次(2023/3/25)。

作为人法的例外,则令人人得而诛之。换言之,"圣/牲人"的法律判决本身就是一种极端的献祭刑和例外宣告,也就是该法适用的效果正是法秩序本身的悬置。而其效应则在于将人的生命暴露在主权者的决断之下,成为不受任何法律保障的"裸命"(Agamben, 1998: 6—9, 71—74)。①施米特著名的主权定义"主权者即决断例外状态者"的阴暗面因此得以呈现:相对于代表着"真实生命的力量",得以通过决断例外而"突破因不断重复而变得迟钝的体制硬壳"的主权者(Schmitt, 2005: 15),其另一面便是成为决断客体的裸命(如纳粹集中营的犹太人[Agamben, 1998: 172—174])。另一方面,相对于福柯所考察的"生命政治的诞生",也就通过17—18世纪所发展的人口统计等新兴治理技术将人的生物性生命本身纳入政治成为其首要关注(Foucault, 1990: 137—140),阿甘本则进一步质问:那作为生命政治基底的是否同样是人的裸命?(Agamben, 1998: 3—4)在此他深受阿伦特的启

---

① 基于 homo sacer 这个概念在阿甘本诠释下的上述意涵,本文选择将其译为"圣/牲人"。拉丁文 sacer 本就同时具有"神圣"与"受诅咒"的双重意涵而受到广泛的讨论。在阿甘本的使用脉络中,虽然表面上看起来被判为 homo sacer 的人既不"神圣"也不得再被"牺牲",但这个判决其实恰恰具有一种神圣化的牺牲结构,也就是将被判决者排除于人间的规范秩序外,得以神之名而任人宰割。正是这个"人的神圣性"的幽暗起源是阿甘本通过 homo sacer 所试图考掘的,并以之作为反思当代人权体制的批判视角。必须承认,这个拉丁语汇的翻译确实困难,因此外文译本多保持原文。中文常见的翻译为"牲人";而朱元鸿译为"受谴咒的人"(2005:209—211),吴冠军译为"神圣人"(2016:28—32),亦皆有审慎的考虑。本书选择的"圣/牲人"则源自范耕维的译语"圣牲人"(2012:9)。

发,将难民视为民族国家内在困境的体现:不被任何国家承认,因此丧失公民身份与法律保障的难民,正是仅仅基于其生物属性而仍然属于"人类"的人(Agamben, 1998:126)。难民的处境正见证了"神圣不可侵犯"的人权的荒芜,因为"这个世界在只是身为人的抽象的赤裸上,发现没有任何神圣可言"(Arendt, 1973:299)。

整个"圣/牲人"系列是一部长达20年的写作计划,从而各个作品的完成时间与定位也不总是按部就班。按照最后集结而成的《圣/牲人全集》(Homo sacer. Edizione integrale, 2018),全书分为四部曲:第一部为具有导论性质的《圣/牲人:主权与裸命》(1995)。第二部共有五本书,批判性地针对下列政治/治理典范进行哲学性的历史考察:例外状态(2003)、内战(Stasis, 2015)①、誓约(《语言的圣礼》[Il sacramento del linguaggio, 2008])、经济与治理(《王国与荣光》[Il Regno e la Gloria, 2007])以及职务/义务(《主业》[Opus Dei, 2012])。至于第三部则同样只有一本书,《奥斯维辛的残余:证人与档案》(Quel che resta di Auschwitz. L'archivio e il testimone, 1998),在书中阿甘本试图通过集中营幸存者的证言思索某种"裸命"的伦理,以及内在于主体化过程中的去主体化。最后,第四部有两本书:《至贫:修道院规约与生活形式》(Altissima povertà: Regole monastiche e forma di vita, 2011)和《身体之用》(L'uso dei corpi, 2014)。这两本书主要环绕着"生命形式"的主题,一方面探讨支配个体生命的规范技术,另一方面则构思解

---

① 虽然这本书在时序上最晚出版,但内容上则是由2001年10月(正值美国九一一事件后)阿甘本在普林斯顿的两场研讨课所构成(Agamben, 2015a: ix)。

除支配之"另类生命"的可能模式。

本书作为"圣/牲人"系列的二之一,无论在时序和结构上都属于前段。延续首部曲中对于主权-例外状态之生命政治意涵的探讨,本书进一步考察了例外状态在西方法律史中的演变,以及超克主权理论的可能性。而在本书最后提出的法与无法、权力与权威的双元结构,则进一步构成了《王国与荣光》中从政治到经济、从治理到荣光的理论雏形。此外,在本书中所提出的解除例外状态后的法律之"用"的问题,则在第四部的《至贫》与《身体之用》中获得进一步的开展。最后值得注意的是,在本书完成后相当长的一段岁月中(或许可以界定为系列的中期),阿甘本几乎全然埋首于中世纪基督教神学的考据中(从《王国与荣光》《语言的圣礼》到《主业》与《至贫》)。这个在当代政治哲学/思想中较为罕见的做法,让我们得以跨越惯常的启蒙与大革命视角,重新理解中世纪神学与现代性的关系。

除了"圣/牲人"系列外,阿甘本也陆续探讨了弥赛亚主义、动物性、品味等主题,①以及部署、友谊、当代性、真实等概念②。此外他也从各种神话传说和艺术作品中寻找哲学的未思与灵光。③

---

① 如《剩余的时间:罗马书评注》(*Il tempo che resta. Un commento alla Lettera ai romani*, 2000)、《敞开:人与动物》(*L'aperto. L'uomo e l'animale*, 2002)、《品味》(*Gusto*, 2015)。

② 如《何谓部署》(*Che cos'è un dispositivo ?*, 2006)、《友爱》(*L'amico*, 2007)、《何谓同时代性》(*Che cos'è il contemporaneo ?*, 2007)、《何谓真实:马约拉纳失踪记》(*Che cos'è reale ? La scomparsa di Majorana*, 2018)。

③ 如《宁芙》(*Ninfe*, 2004)、《普钦内拉,或给孩子们的嬉游曲》(*Pulcinella ovvero Divertimento per li regazzi*, 2015)等。

而他通过历史案例建构"典范"的模拟思维,以及通过对于概念-制度之历史"基原"(archè)的追溯与质疑而重新打开新的可能性的"哲学考古学",则构成了一种与福柯和德里达相互辉映的"哲学方法"①。

2. 本书简介

在一次访谈中,阿甘本指出我们正活在一个"法治"与"法外治理"同时极大化的张力场域中(Agamben with Raulff, 2004: 611—612)。一方面,"依法处理"成为国家权力的标准说词;另一方面,国家权力的实际运作却又往往逾越法律,特别是在持续发生的各种"危机"之中。若是如此,我们究竟该如何理解这般法与无法相互缠绕、既对立又互补的张力关系?这就是本书的关注所在。简言之,阿甘本认为国家制定的法律若要能够适用于活生生的生命与生活,就必须包含一块无法地带作为中介,也就是"例外状态"。也就是说,法律必须通过悬置自身而创造例外,并在例外中将人的生命与生活直接纳入国家权力的支配底下,但却依然宣称这是一个"合法的必要处置与措施"。

本书由历史与哲学两条轴线交织而成。以下便简述其架构与章节内容。

首先,在第一章"例外状态作为治理的典范"中,阿甘本对于例外状态的概念-制度史进行了重点考察。源自德国公法的"例外状态"(Ausnahmezustand),其现代的开端乃是法国大革命后的"戒严/围城状态"(état de siège),而其前身则是中世纪的拉丁法

---

① 参考《万物的署名:论方法》(Signatura rerum. Sul Metodo, 2008)。

谚"迫切无法"(necessitas legem non habet)。阿甘本指出,这句格言可以有两种解释:"迫切性不承认任何法律"和"迫切性创造它自己的法律",而这两种意涵正对应于例外状态从中世纪到近现代的转变。在中世纪,迫切/必要性所界定的是一个法律失去其拘束力的特殊个案,然而到了近现代,迫切/必要性反而成为奠定法秩序的基础(例如国家的自保权)。阿甘本在本章中梳理了现代西方的"例外状态简史",指出现代例外状态诞生自法国大革命以降之民主宪政体制的内在吊诡:当共和国面对其自身的存亡危机时,总是诉诸独裁和宪法的悬置来自我防卫。从革命、内战、战争、天灾、经济危机到反恐,例外状态于是逐渐成为"国家安全"的常态治理手段,而从议会制实质上转变为行政-管理制不过只是其附带效应。面对这个法秩序自我悬置的维生装置,法学家们则殚心竭虑地试图以"全权""宪政独裁""国家紧急权"等概念加以合法化,或至少提出一套合宪性的判准。但阿甘本认为,所有这些判准(如必要性、暂时性,等等)不仅必然涉及对于当下情势的现实判断,最终更无法回避主观性的价值决定(现行的宪政体制究竟应该恢复或更新)。于是作为例外状态之判断基础的"迫切/必要性",其实远非一个客观事实,而是攸关宪政基本价值的政治决断。

  接着在第二章"法律效力"中,阿甘本开始进入以施米特为代表的理论探讨。他指出从1921年的《独裁》到来年的《政治神学》,施米特陆续提出了一系列的二元区分来试图接合例外状态与法秩序:包含委任独裁(守护宪法的独裁)中的"法规范"和"实现法的规范"、主权独裁(创制宪法的独裁)中的"制宪权"和"宪制权",以及主权理论中的"规范"与"决定"。然而这些概念区分实际上都是某种"法律拟制",借此法律得以合法化现实中的无法状态。接着通过重新诠释德里达著名的演讲标题"法的力量:权威的神秘基础"(*Force de loi: le fondement mystique de l'autorité*, 1989),他进一步指出"法律效力"(*forza di legge*)这个用语其实来自原本并非法律的执政者命令被"视为法律"的演变过程,也就是所谓的君王或国家元首的命令"具有法律效力"。因此"法律效力"的本质其实是"~~法律~~效力",也就是一种将并非法律的事物拟制为法律的法律虚构。①

在第三章"悬法"中,阿甘本再次回到罗马法,挖掘出相对于著名的罗马独裁外,另一个鲜为人知的制度"悬法"(*iustitium*),并视其为例外状态的真正原型。*iustitium* 的字面意义即是"法的停顿与悬置":当罗马共和面临重大威胁时,元老院就会发布"元老院终极咨议"来号召执政官、行政官员乃至全体公民采取任何能够捍卫国家的必要手段。阿甘本特别强调悬法与独裁在罗马法中的区分:独裁官是一个特定官职,其选任方式、任期和广泛权力皆有明确的法律规定。相对于此,悬法则没有创造任何新的职权——现任官员乃至一般公民所享有的无限权力事实上仅来自法的悬置。因此悬法中的一切行为从法律角度而言既非执法,亦非违法,更非立法,而顶多只能说是"不执法"。就此而言,悬法可以说是开启了一个与法无关的行动空间,而这个空间则成为政治行动的斗争场域。

第四章"环绕着一个空缺的巨人之战"则进一步对这个"无法空间"进行反思,可谓本书的理论精华。借由重新诠释施米特与

---

① 进一步的探讨可参考薛熙平(2020)。

本雅明之间公开和隐密的对话，阿甘本提出了两种思考例外状态的对立观点。对于施米特来说，例外状态尽管是法规范的悬置，但对于整体法秩序而言却具有决定性的意义：无论是法实现规范（"必要措施"）、制宪权，还是主权者的决断，都是一种将例外状态纳入法秩序中，并让后者得以持续运作的法权装置。相对于此，本雅明则通过"纯粹暴力""无能决断的主权者"以及"真实的例外状态"等概念构作，一再试图将例外状态排除于法秩序之外，切断其与法律的任何联系。阿甘本认为，这个对于例外状态之本质（拟制的或真实的），以及其中的行动性质（主权决断或纯粹暴力）的界定，正对应于西方形而上学中的"巨人战争"：对于存有与言说（logos）之关系的界定。在这场发生在例外状态中的，关于例外状态本身的定位及指向的对决中，阿甘本试图以本雅明超克施米特：通过将后者的例外状态揭露为某种法律拟制/虚构的极致典范，进而产生某种弥赛亚式的"剧变"——拆解并卸除法律与生命之间的一切虚拟链路，让法律成为无法适用的具文（其不再具有"法律效力"）。由此而生的则是一种新的法律之"用"：成为某种生命的纯粹书写或行动，仅仅沟通沟通本身而不带任何目的。换言之，也就是某种"无目的的手段"或"纯粹媒介"。

在精彩的理论斗争后，第五章"庆典、丧礼、失序"则再度回到历史，考察 iustitium 从罗马共和到帝国的语意转变。进入元首制时期后，iustitium 的意义逐渐由"悬法"转变为"公共丧礼"，也就是主权者及其家族的国丧仪式。阿甘本反对一般论者从哀悼的心理-社会学来解释伴随着国丧的失序现象，指出关键仍然在于例外状态的法权结构：主权者之死之所以会引发举国动荡，从而必须通过复杂的国丧仪式加以控制（包含某种戒严-动员令的颁布),实际导因于从奥古斯都开始,罗马元首便将一切法律权力集于一身,从而成为一个不受法律限制的人格权威,也就是所谓"活的法律"(nomos empsukhos)。罗马的元首制因此可被视为西方第一个将生命直接结合于法律的生命政治典范。另一方面,古代与中世纪民俗文化中的狂欢庆典则展演着另一种无法/失序状态(anomia):社会身份与行为规范的暂时悬置,甚至倒转。同样反对学者从农耕历法或净化仪式所作的解释,阿甘本认为这些庆典中的许多行为其实正复制着古老人民公审中的驱逐与流放仪式。就此而言,对应于主权者的丧礼,民间的狂欢庆典同样展演着另一种合法的无法状态,以及法律与生命的融合拟象。

在最后一章"权威与权力"中,阿甘本尝试从罗马法中"权威"(auctoritas)的多重意涵及其与"权力"(potestas)间的复杂关系中,梳理出一个例外状态的一般理论。他指出,相对于一般官员依据其职位所拥有的法定"权力","权威"则是界定罗马家父、元老院成员和元首最专属的特权,被视为直接源自其作为"权威者"(auctor)的人格。而这样的权威观念仍然可在20世纪30年代欧洲威权主义的兴起中发现其遗绪:政治领袖的权力正当性被视为直接源自其人格魅力(carisma)。于是阿甘本认为,西方的法律-政治体系似乎是由两个既对立又互补的元素构成:一个是严格意义的法规范元素(权力),另一个则是超法律的非规范元素(权威)。一方面,法规范元素必须通过非法规范元素才能够有效适用(权力必须要得到权威的"授权");另一方面,非法规范元素也只有通过对于法律效力的授予或悬置才得以运作(例如通过"元老院终极咨议"而发布悬法)。然而,当这两个元素被并入单一人格时,整个宪政体制就将转化为由主权者所决断的杀人机器。而当例外状态进一步成为常态时,这两个元素也将进入一种无法区辨的状态(如当时美国的"反恐战争"所印证的)。总结而言,本书的工作就在致力于揭示这个混淆,解开法秩序与例外状态、法律与生命之间的虚拟链路,进而为一种无关乎法律的政治行动打开一个新的空间。

3. 例外状态的当代部署

本书的写作与出版正值九一一事件后的"反恐战争"高峰,也就是美国作为冷战终结后全球唯一超级强权的单边与例外主义行动的全盛时期。在 2001 年 9 月遭受恐怖攻击后,小布什政府基于总统的宪法紧急权及国会火速通过的《爱国者法》大幅扩张政府权力,并采取许多违反基本人权的非常措施。接着更进一步通过 10 月的阿富汗战争和 2003 年的伊拉克战争不断展延例外状态的期限。阿甘本在书中对此虽有简要提及,但并未充分阐述。以下我们将从他的观点出发,并参考其他的理论资源进行延伸讨论。首先,阿甘本在本书一开始就点出了例外状态与所谓"世界内战"的当代发展之间的关联性(1.2),但并未详述。对此《帝国》(*Empire*, 2000)一书的作者奈格里与哈特则从不同的理论背景出发,在其续集《诸众》(*Multitude*, 2004)的一开头便探讨了这个主题。延续在《帝国》中所提出的全球性"帝国主权"的概念,他们进一步指出,相对于主权国家"之间"的现代战争,当代的新型战争乃是在帝国的"单一主权领土"上的"全球内战"(Hardt & Negri, 2004: 3—4)。这个新诞生的帝国主权穿越了民族国家的疆界,以全球为平面建立起新的权力体制。他们认为,虽然阿甘本将这个概念的起源追溯到同于 1963 年出版的阿伦特的《论革命》(On Revolution)与施米特的《游击队理论》(Theorie des Partisanen),然而在当时的冷战结构中,由于一个全球性的单一主权尚未形成,因此顶多只能称之为"世界"而非"全球"内战(同上书,359)。奈格里与哈特认为我们可以结合两种例外的概念尝试理解这个新现象:第一种是德国式的,也就是暂时悬置宪法以挽救宪法的例外状态;第二种则是美国式的,也就是所谓的美国例外主义。后者又具有两种不同的意涵:传统的意义是指美国作为欧洲主权政治逐渐衰落的"例外",是伟大共和传统的唯一继承者;新兴的意义则是美国作为国际法的"例外",得以拒绝加入环保、人权、武器管制、国际刑事法庭等的国际条约与协议。即便美国时常以其第一种例外主义作为第二种的正当化理由,但两者显然是相互冲突的,因为共和主义的核心精神就是无人可凌驾于法律之上(同上书,7—10)。而这几种例外概念的结合,正好呼应了阿甘本在本书最后对于当前局势的诊断:"事实上,例外状态如今已然达到其全球性之前所未有的扩散。法律的规范面可以被一种治理暴力在对外忽视国际法,对内创造出永久例外状态的情况下,丝毫不受制裁地抹销和抵触。即便如此,它却仍然宣称自己在适用法律。"(6.10)

战争/内战与例外状态的结合,除在空间上突破了民族国家的疆界外,在内容上也逐渐从军事蔓延到其他领域。阿甘本在本书中以美国20世纪30年代的新政为例,指出例外状态如何通过战争的隐喻而对经济事务产生巨大的影响。奈格里与哈特则进一步延续福柯"社会内战"的概念指出,从美国20世纪60年代的反贫穷战争、80年代的反毒品战争,一直到21世纪的反恐战争,我们可以看到战争的修辞与部署如何对社会整体产生动员与控制的效果。同时，战略的思维也从被动的消极防卫转向主动的积极预防，也就是安全体制的建立（Hardt & Negri, 2004：13，20）。对此阿甘本也曾在《论安全与恐怖》一文中沿用福柯的"安全"概念指出，安全强调的并非禁闭与压制，而是在开放的场域中进行介入和引导（Agamben, 2001）。因此安全并不排除战争，而是在战争之中进行控制与管理。在"反恐战争"中，通过将每一个人都当作可能的恐怖分子，于是原先针对特定事件的紧急-例外措施就逐渐转变成为边境管制与社会控制的一般准则。

关于反恐战争、全球内战与例外状态之间关联性的具体事例，阿甘本曾援引巴特勒（Judith Butler）的说法指出，依据小布什总统2001年11月13日的军事命令而对涉嫌参与恐怖活动的非美国公民所进行的"无限期拘留"（indefinite detention），使得位于古巴关塔纳摩湾（Guantánamo Bay）的美军监狱成为当代的集中营，而被拘留者则成为完全被排除于《日内瓦公约》的战俘规定和美国刑法的犯罪嫌疑人之外的"裸命"（1.3）。相对于阿甘本所强调的主权决断，巴特勒则在文章中以更加福柯式的观点指出，主权乃是在治理性将法律当作工具的策略性部署中才得以复活。因此，相对于君王或总统作为唯一的主权者，在当代的安全部署中，所有相关的军事-行政官员都成了新的"小主权者"（或如阿甘本所说的"主权警察"［Agamben, 2000：103—107］），分享着某种不受法律拘束和法院监督，得以单方面决定被拘留者"待遇"的广泛裁量权。不仅如此，由于"恐怖分子"被塑造为杀人狂的非人形象，因此将其拘留的法外措施也就被视为反恐战争的延续，而形成同样非人待遇的虐囚环境（Butler,

2004：53—56，78）。阿甘本与巴特勒因此都认为被拘留者高度不确定的危脆状态，正来自且持续取决于主权决断的生命政治效应。

最后，如果阿甘本的分析倾向于将例外状态呈现为战争的负面形象，那么王爱华（Aihwa Ong）在《作为例外的新自由主义》（*Neoliberalism as Exception*，2006）中，则试图从人类学的角度分析例外的治理策略如何为亚洲国家创造出经济发展的契机。她指出，尽管美国的新自由主义被视为一种逐渐与无法状态和军事行动结合的激进资本帝国主义，亚洲各国的政府仍然能以例外的手法选择性地引用，并生产出新的空间规划、公民身份与主体性。因此新自由主义在亚洲并非一般原则，反而是以"新自由主义作为例外"和"例外于新自由主义"这两种模式灵活地交替运用。前者如中国的经济特区：通过将新自由主义例外地限定适用于特定区域，使得只有特定的人口才能进入这种依据个人的自我选择、管理与负责的原则进行资源分配的市场机制中。后者则如东南亚的移工：作为特定人口被排除于自由移动与聘雇的劳动利伯维尔场外，并且无法享有一般公民的权利保障。而这两种例外之间并非毫无关联：事实上，前者在相当程度上依赖后者，并且引发伦理上的危机。值得强调的是，这两种例外模式同时进一步将公民权利与公民身份脱钩，重新按照市场导向的个人竞争力进行划分。因此，不同于阿甘本所侧重的例外的排除作用，王爱华认为"吸纳"的作用也必须同时被考虑，才能更完整地理解新自由主义在亚洲的运作（Ong，2006：1—5）。

4.例外状态的可能出路

面对当前例外状态的全球部署(尽管在不同的区域有不同的策略),我们应该如何思考突围之道? 阿甘本在本书的最后提到,面对"我们所生存其中"的例外状态,出路并不在于重新肯认法与权利的优位性。换句话说,并不在于重新标举"法治国"(state of law)的理念来对抗例外状态(state of exception),因为前者的存在最终依然必须仰赖于后者(6.10)。他认为真正的解决之道在于揭示出例外状态的虚构性,亦即其乃是一种接合法与无法的终极法律拟制,一种没有法律的法律效力。唯有如此,我们才能清楚看见我们事实上生活在"真实的例外状态"中:在"法"与"力"之间,在规范和行动之间,并不存在任何实质的联结。唯有由此认识出发,我们才能够进一步思考当法律效力的拟制被揭露而失效时,一种新的法律之用。亦即,将法律的内容还原为一种纯粹的沟通,或是正义本身的迫切要求。与此相应的,则是国家权力之暴力本质的暴露,以及政治行动作为一种"无目的之手段"的可能性,也就是政治-行动本身就是人类共在之"生活形式"的体现。①

或许上述的说法仍过于抽象。相对于"纯粹"的哲学思辨,我们也可以看看阿甘本自己如何看待与响应一些具体的政治事件。例如,阿甘本在2004年1月10日于法国《世界报》(Le Monde)发表了一篇投书《向生命政治刺青说不》,公开说明他拒绝入境美国的理由(因此取消了到纽约大学客座的行程)。他强调这并非基

---

① 进一步的讨论可参考薛熙平(2016:183—192)。

于像是按捺指纹和拍照等入境要求原本乃是针对罪犯所产生的主观羞辱感,而是历史经验显示,原本只是针对特定群体的例外性生命政治技术(例如纳粹集中营对被遣送者的刺青),当越过某个关键门坎后,就会成为普遍施加于所有公民的常态安全措施(Agamben, 2008)。这个例外状态/措施常态化的警告如今似乎已成为老生常谈的日常写照。

另一方面,我们也可以参考其他学者对于阿甘本的例外状态理论所提出的质疑与批判。另一位当代重要批判思想家朗西埃(Jacques Rancière)在《谁是人权的主体?》(2004)中就曾经表达过不同的观点。他认为阿甘本对人权的批判来自阿伦特的难民观点:难民失去公民权的处境,正凸显出只剩下人权时的无能为力。但他认为阿甘本只看到了其中的消极面:难民作为人权的载体乃是不具公民身份的生物性存在(裸命),进而证明人权与主权-生命政治的系出同源(Rancière, 2004: 298—300)。然而,相对于这个去政治化的消极面向,朗西埃认为我们更应该看到人权"政治化"的积极性:人权作为"无权利者的权利"并非主权的陷阱,而是政治主体的生成结构。他指出人权的建构有两个层次:首先,人权是一个共同体中的成员享有自由与平等的权利宣言(规范性的文本);其次,人权是那些将此一宣言在具体个案中加以验证者的权利(对于规范文本的具体诠释与适用)。而这个验证的过程就是政治主体化的过程:是那些名义上享有人权,在现实中却被拒绝的人争取其具体实现的过程;也是那些被根本否认拥有公民权的人,通过实际的政治行动来证明他们同样具有参与政治的能力与资格的过程(同上书,302—304)。换言之,人权与公民权,生物性生命与政治生活之间的差距,不应该被理解为只是有待揭露的虚构骗局,而应该将其扭转为一种"算入无份者之份"的革命动力。面对难民的例外处境,朗西埃因此更强调其作为例外的吊诡所能够产生的打破重组既有感知分配秩序的积极力量。①

站在类似的立场,巴特勒也并未追随阿甘本对于人权的批判,而认为我们应该倡议一种能够限制国家主权的国际人权与义务(Butler, 2004: 98—100)。王爱华则认为阿甘本将不具公民身份的人一概视为无助的裸命是一种过度化约。她指出在法律意义的公民权之外,还有其他的道德资源也可能提供出路(例如宗教),甚至裸命的处境本身也可能构成道德要求的基础,像是"医疗公民权"(therapeutic citizenship)、"生物性福利"(biological welfare),等等(Ong, 2006: 24)。奈格里与哈特则认为阿甘本过于将例外状态一般化,以至于混淆了制宪权与例外状态的重要区辨。他们认为宣告例外状态的制度性权力只属于掌权者,而非那些试图夺取或推翻其权力的行动者。后者所拥有的乃是一种截然不同的"制宪权"。而相对于阿甘本的例外状态似乎将"宪制权"(constituted power)与"制宪权"(constituent power)之间的对抗一笔勾销,奈格里则认为这个对抗性才是例外状态所在之"永久性内战"的基础。换言之,制宪权/力乃是内在于例外状态之中,并与之对抗的创造性生命政治

---

① 关于朗西埃政治思想的相关讨论,参考朗西埃《歧义》(*La mésentente*)中我们和另外两位译者所写的后记(2015)。关于朗西埃所主张的"异议"作为政治主体化的基本形式,特别是原本没有资格发言的人(裸命?),如何通过参与而打破既有的言说体制,真正成为民主政治中的"人民",可参考林淑芬(2005: 165—172)。

力量(Hardt & Negri, 2004: 364 [n. 37]; Negri, 2003)。①

最后,希望本书的翻译能够提供中文世界的读者一种新的面对"我们所生存的"世界的角度,也就是所谓的"例外状态"。或许已经习以为常的经验,通过新的观点省思,能够还原出新的对于体制建构过程的体认。期待这个从意大利文到中文,又从繁体到简体的译本,能够为"例外状态"在中文世界中的层层部署打开一个理解、表达与沟通的空间。

薛熙平　林淑芬

* * *

本书繁体中文本第一版由笔者翻译,林淑芬教授审阅,由麦田出版社于2010年出版。简体中文本则在重新修订后,于2015年由西北大学出版社发行。这两个版本基本上都是参考英译本进行翻译,仅在有疑处查阅原著与法译本。现在的这个新版本则是直接从意大利文原著重新翻译而成。繁体中文本由春山出版社于2023年12月出版。感谢"精神译丛"主编陈越老师在第一

---

① 一方面,阿甘本确实对于奈格里全然肯定制宪权的理论立场有所质疑(Agamben, 1998: 43—44),并在本书中将施米特的"制宪权"理解为例外状态的法律拟制之一(2.1至2.2)。另一方面,他在"圣/牲人"系列的最后一部《身体之用》中则进一步提出了"解制的潜能"(destituent potential)的概念(Agamben, 2015b: 263—280)。相关讨论可参考薛熙平(2016:193—213)。

时间即来信邀约简体新版,以及责任编辑任洁老师的后续协助。同时感谢简体本第一版的校阅者相明老师再次参照原文细心审阅,并提供若干宝贵的修订意见。希望这个新的译本能够让更广大的简体中文读者对于阿甘本的思想有更精确的理解,同时也对于我们所身处的两岸与世界有更深刻的反思与沟通。

最后,我想将这个译本献给我的意大利文老师康华伦教授(Prof. Valentino Castellazzi)——您带着揶揄的笑容令人难忘,愿您在天之灵永远喜乐,Grazie!

薛熙平

2024 年 7 月 1 日

参考书目

朱元鸿

2005《阿甘本"例外统治"里的薄暮或晨晦》,《文化研究》,创刊号,第197—219页。

吴冠军

2016《译者导论:阿甘本的生命政治》。吉奥乔·阿甘本著,吴冠军译,《神圣人:至高权力与赤裸生命》,北京:中央编译出版社,第7—71页。

林淑芬

2005《"人民"做主？民粹主义、民主与人民》,《政治与社会哲学评论》,第12期,第141—182页。

范耕维

2012《"生命政治"视角下的刑事政策——以反恐刑事司法"论述"为楔子》,台湾大学法律学研究所硕士论文。

刘纪蕙、林淑芬、陈克伦、薛熙平

2015《后记》,收录于雅克·朗西埃著,刘纪蕙、林淑芬、陈克伦、薛熙平译,《歧义:政治与哲学》,西安:西北大学出版社。

薛熙平

2016《例外状态之战:施米特与阿甘本的法哲学对话》,台湾阳明交通大学社会与文化研究所博士论文。

2020《主权-例外状态的吊诡:从阿甘本重返施米特》,《政治与社会哲学评论》,第72期,2020年6月,第199—271页。

苏哲安

2001《没有"世界"以后的主权欲望:永久性的非常状态与生物政

治——响应 Partha Chatterjee 的演讲》,《文化研究月报》,创刊号。

Agamben, Giorgio,

1991 *Language and Death: The Place of Negativity.* Trans. by Karen E. Pinkus with Michael Hardt, Minneapolis: University of Minnesota Press.

1993 *The Coming Community.* Trans. by Michael Hardt, Minneapolis: University of Minnesota Press.

1998 *Homo Sacer: Sovereign Power and Bare Life.* Trans. by Daniel Heller-Roazen, Stanford: Stanford University.

2000 *Means without End: Notes on Politics.* Trans. by Vincenzo Ginetti and Cesare Casarino, Minnesota: University of Minnesota Press.

2001 "Security and Terror", Trans. by Carolin Emcke, *Theory & Event* 5(4).

2004 "An Interview with Giorgio Agamben", interviewed by Ulrich Raulff, trans. by Morag Goodwin, *German Law Journal*, 5(5): 609-614.

2007 *Infancy and History: The Destruction of Experience.* Trans. by Liz Heron, New York: Verso.

2008 "No to Biopolitical Tattooing", Trans. by Stuart J. Murray, *Communication and Critical/Cultural Studies*, 5(2): 201-202.

2015a *Stasis: Civil War as a Political Paradigm.* Trans. by Nicholas Heron, Stanford: Stanford University Press.

2015b *The Use of Bodies.* Trans. by Adam Kotsko, Stanford: Stanford University Press.

2021 *Where Are We Now: The Epidemic as Politics*, second updated edition. Trans. by Valeria Dani, ERIS.

Arendt, Hannah,

1973 *The Origins of Totalitarianism*. New York: A Harvest Book.

Butler, Judith,

2004 *Precarious Life: The Power of Mourning and Violence*, New York: Verso.

de la Durantaye, Leland,

2009 *Giorgio Agamben: A Critical Introduction*, Stanford, CA: Stanford University Press.

Derrida, Jacque,

2009 *The Beast and the Sovereign*, vol. 1. Trans. by Geoffrey Bennington. Chicago: University of Chicago Press.

Foucault, Michel,

1990 *The History of Sexuality*, vol. 1. Trans. by Robert Hurley. New York: Vintage Books.

Hardt, Michael,

1996 "Introduction: Laboratory Italy", in *Radical Thought in Italy: A Potential Politics*. Paolo Virno and Michael Hardt, eds. Minneapolis: University of Minnesota Press, pp.1－9.

Hardt, Michael, and Negri, Antonio,

2004 *Multitude: War and Democracy in the Age of Empire*, New York: Penguin Press.

Lin, Shu-Fen, and Schive, Hsi-Ping,

2005 "From Anti-Communist Martyrs to Illegal Immigrants: Taiwan as a State of Exception," paper presented at *Pólemos, Stásis: An Inter-*

national Symposium, Yilan, June 24-27, 2005.

Negri, Antonio,

2003 "The Ripe Fruit of Redemption", Trans. by Arianna Bove. https://www.generation-online.org/t/negriagamben.htm.

Mills, Catherine,

2006 "Agamben", in *Internet Encyclopedia of Philosophy*. https://iep.utm.edu/agamben/.

Ong, Aihwa,

2006 *Neoliberalism as Exception: Mutations in Citizenship and Sovereignty*, Durham: Duke University Press.

Rancière, Jacques,

2004 "Who Is the Subject of the Rights of Man?", *South Atlantic Quarterly*, 103(2/3): 297-310.

Schmitt, Carl,

2005 *Political Theology: Four Chapters on the Concept of Sovereignty*. Trans. by George Schwab. Chicago: University of Chicago Press.

著作权合同登记号：陕版出图字 25-2012-013

图书在版编目（CIP）数据

例外状态：《圣/牲人》二之一 /（意）吉奥乔·阿甘本著；薛熙平译. -- 西安：西北大学出版社，2025.
1. --（精神译丛 / 徐晔，陈越主编）. --ISBN 978-7-5604-5577-8

Ⅰ.D0-02

中国国家版本馆 CIP 数据核字第 2024ZU1479 号

例外状态：《圣/牲人》二之一（重译本）
[意]吉奥乔·阿甘本 著
薛熙平 译

出版发行：	西北大学出版社
地　　址：	西安市太白北路 229 号
邮　　编：	710069
电　　话：	029-88302590
经　　销：	全国新华书店
印　　装：	陕西博文印务有限责任公司
开　　本：	889 毫米×1194 毫米　1/32
印　　张：	6.125
字　　数：	130 千
版　　次：	2025 年 1 月第 1 版　2025 年 1 月第 1 次印刷
书　　号：	ISBN 978-7-5604-5577-8
定　　价：	59.00 元

本版图书如有印装质量问题，请拨打电话 029-88302966 予以调换。

STATO DI ECCEZIONE

© 2003 by Giorgio Agamben.

Originally published by Bollati Boringhieri editore, Torino, Italia

This book was negotiated through

Agnese Incisa Agenzia Letteraria, Torino

Chinese simplified translation copyright © 2025

by Northwest University Press Co., Ltd.

ALL RIGHTS RESERVED

精神译丛（加*者为已出品种）

第一辑

* 从莱布尼茨出发的逻辑学的形而上学始基　　海德格尔
* 德国观念论与当前哲学的困境　　海德格尔
* 正常与病态　　康吉莱姆
* 孟德斯鸠：政治与历史　　阿尔都塞
* 论再生产　　阿尔都塞
* 斯宾诺莎与政治　　巴利巴尔
* 词语的肉身：书写的政治　　朗西埃
* 歧义：政治与哲学　　朗西埃
* 例外状态（重译本）　　阿甘本
* 来临中的共同体　　阿甘本

第二辑

* 海德格尔——贫困时代的思想家　　洛维特
* 政治与历史：从马基雅维利到马克思　　阿尔都塞
* 怎么办？　　阿尔都塞
* 赠予死亡　　德里达
* 恶的透明性：关于诸多极端现象的随笔　　鲍德里亚
* 权利的时代　　博比奥
* 民主的未来　　博比奥
* 帝国与民族：1985—2005年重要作品　　查特吉
* 政治社会的世系：后殖民民主研究　　查特吉
* 民族与美学　　柄谷行人

第三辑

- *哲学史：从托马斯·阿奎那到康德　　　　　　　海德格尔
- 布莱希特论集　　　　　　　　　　　　　　　　本雅明
- *论拉辛　　　　　　　　　　　　　　　　　　　巴尔特
- 马基雅维利的孤独　　　　　　　　　　　　　　阿尔都塞
- 写给非哲学家的哲学入门　　　　　　　　　　　阿尔都塞
- *康德的批判哲学　　　　　　　　　　　　　　　德勒兹
- *无知的教师：智力解放五讲　　　　　　　　　　朗西埃
- *野蛮的反常：巴鲁赫·斯宾诺莎那里的权力与力量　奈格里
- *狄俄尼索斯的劳动：对国家—形式的批判　　　　哈特 奈格里
- 免疫体：对生命的保护与否定　　　　　　　　　埃斯波西托

第四辑

- *古代哲学的基本概念　　　　　　　　　　　　　海德格尔
- 黑格尔《精神现象学》的发生与结构（上卷）　　伊波利特
- 卢梭三讲　　　　　　　　　　　　　　　　　　阿尔都塞
- *野兽与主权者（第一卷）　　　　　　　　　　　德里达
- *野兽与主权者（第二卷）　　　　　　　　　　　德里达
- *黑格尔或斯宾诺莎　　　　　　　　　　　　　　马舍雷
- 第三人称：生命政治与非人哲学　　　　　　　　埃斯波西托
- 二：政治神学机制与思想的位置　　　　　　　　埃斯波西托
- 领导权与社会主义战略：走向激进的民主政治　　拉克劳 穆夫
- 德勒兹：哲学学徒期　　　　　　　　　　　　　哈特

第五辑

*基督教的绝对性与宗教史	特洛尔奇
黑格尔《精神现象学》的发生与结构(下卷)	伊波利特
哲学与政治文集(第一卷)	阿尔都塞
*疯癫,语言,文学	福柯
*与斯宾诺莎同行:斯宾诺莎主义学说及其历史研究	马舍雷
事物的自然:斯宾诺莎《伦理学》第一部分导读	马舍雷
*感性生活:斯宾诺莎《伦理学》第三部分导读	马舍雷
拉帕里斯的真理:语言学、符号学与哲学	佩舍
速度与政治:论竞速学	维利里奥
《狱中札记》新选	葛兰西

第六辑

生命科学史中的意识形态与合理性	康吉莱姆
哲学与政治文集(第二卷)	阿尔都塞
心灵的现实性:斯宾诺莎《伦理学》第二部分导读	马舍雷
人的状况:斯宾诺莎《伦理学》第四部分导读	马舍雷
帕斯卡尔和波−罗亚尔	马兰
非哲学原理	拉吕埃勒
*连线大脑里的黑格尔	齐泽克
性与失败的绝对	齐泽克
*探究(一)	柄谷行人
*探究(二)	柄谷行人

第七辑

论批判理论：霍克海默文集（一）	霍克海默
*美学与政治	阿多诺 本雅明等
历史论集	阿尔都塞
斯宾诺莎哲学中的个体与共同体	马特龙
解放之途：斯宾诺莎《伦理学》第五部分导读	马舍雷
黑格尔与卡尔·施米特：在思辨与实证之间的政治	科维纲
十九世纪爱尔兰的学者和反叛者	伊格尔顿
炼狱中的哈姆雷特	格林布拉特
*活力物质："物"的政治生态学	本内特
葛兰西时刻：哲学、领导权与马克思主义	托马斯

第八辑

论哲学史：霍克海默文集（二）	霍克海默
哲学和科学家的自发哲学（1967）	阿尔都塞
模型的概念	巴迪乌
文学生产理论	马舍雷
马克思1845：《关于费尔巴哈的提纲》解读	马舍雷
艺术的历程·遥远的自由：论契诃夫	朗西埃
第一哲学，最后的哲学：形而上学与科学之间的西方知识	阿甘本
潜能政治学：意大利当代思想	维尔诺 哈特（编）
谢林之后的诸自然哲学	格兰特
摹仿，表现，构成：阿多诺《美学理论》研讨班	詹姆逊